백성이 잘사는 나라를 꿈꾼 실학자

역사 공부가 되는 위인전 05 정약용
백성이 잘사는 나라를 꿈꾼 실학자

초판 1쇄 발행 2006년 1월 4일
초판 12쇄 발행 2015년 8월 4일

글쓴이 | 양태석
그린이 | 강봉승
펴낸이 | 박선희
펴낸곳 | 해와나무
편집 | 김정희, 박현숙
디자인 | 투피피
마케팅·제작 | 이정원
관리 | 황현종
출판 등록 | 2004년 2월 14일 제312-2004-000006호
주소 | 서울특별시 마포구 홍익로5안길 20 재강빌딩 4층
전화 | (02)362-0938/7675
팩스 | (02)312-7675
ISBN 978-89-91146-34-1 74910
      978-89-91146-01-3(세트)

ⓒ 양태석 2006

- 값은 뒤표지에 있습니다.
- 책 내용의 일부 또는 전부를 인용하거나 발췌하려면 반드시 저작권자와 출판사 양측의 서면 동의를 구해야 합니다.
- 해와나무 도서 판매 수익금의 일부는 한우리봉사단과 아름다운재단 등에 기부되어 소외 아동과 청소년을 위해 사용됩니다.

백성이 잘사는 나라를 꿈꾼 실학자

글 양태석 | 그림 강봉승

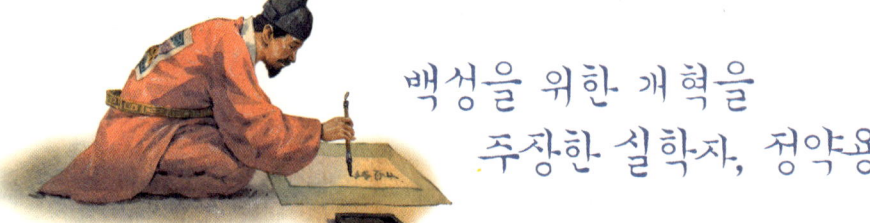

백성을 위한 개혁을 주장한 실학자, 정약용

  청렴한 관리의 아들로 태어난 정약용은 개구쟁이였지만 책을 멀리하거나 학문을 소홀히 한 적은 없었습니다. 이렇게 일찍부터 학문에 뜻을 둔 정약용은 과거 급제 뒤 정조 임금의 사랑을 한 몸에 받았습니다. 벼슬도 하루가 다르게 높아져 주변의 부러움과 시기도 동시에 받았습니다. 하지만 정약용은 높은 벼슬자리에 올라선 뒤에도 자만하지 않고 쉼 없이 학문에 몰두했습니다.

  정약용은 백성이 잘사는 나라를 만들고 싶었습니다. 그래서 백성들의 삶에 직접 도움을 줄 수 있는 실학을 열심히 공부했습니다. 뿐만 아니라 백성들이 인간다운 삶을 살 수 있도록 양반과 상민, 노비 등으로 구별되는 신분제도를 타파하고, 사회 제도의 모순과 비리를 개혁하여야 한다고 주장했습니다. 이런 정약용의 생각은 상당히 시대를 앞선 것으로 매우 파격적이었습니다. 평소 이런 생각을 하던 차에 접하게 된 천주교 사상은 정약용의 생각을 더욱 굳게 만들었습니다.

  하지만 당시 엄격한 신분제도가 적용되고 있던 조선 사회에서 만민이 평등하다는 천주교의 교리는 쉽게 받아들일 수 없는 사상이었습니다. 게다가 제사와 같은 행위를 금지하는 천주교의 교리는 유교사상이 뿌리 깊게 내린 조선 사회 전체에 큰 파장을 일으켰습니다.

　정조 임금이 죽은 뒤 반대파 무리들은 정약용이 천주교 신자임을 내세워 머나먼 강진 땅으로 유배 보냈습니다. 그러나 기나긴 유배 생활도 정약용의 학문에 대한 열정과 백성을 사랑하는 마음을 꺾을 수는 없었습니다. 정약용은 정치, 경제는 물론 사회, 역사, 지리, 국어, 국방, 농업, 의학 등 무려 500여 권이 넘는 책을 집필해 조선 후기 실학을 집대성했습니다. 현대 학자들은 정약용을 '조선시대를 대표하는 대학자이며 국가 개혁을 주장한 실학사상가'로 높게 평가합니다.

　비록 정약용은 당파싸움에 휘말려 백성이 잘사는 나라를 만들려던 자신의 꿈은 이루지 못했지만, 그의 위대한 개혁 사상과 애민 정신은 역사에 길이 남을 것입니다.

　어린이 여러분도 이 책을 읽으면서 공부를 왜 해야 하는지, 또 어떤 생각을 갖고 살아야 하는지 다시 한번 깊이 생각해 보는 시간을 가져 보기 바랍니다.

2005년 12월 겨울

양태석

차례

개구쟁이 시인	9
학문에 뜻을 두다	20
백성들이 잘사는 나라를 꿈꾸다	33
정조 임금의 총애를 받다	45
역사의 소용돌이 속에 서다	64
암행어사가 되어 탐관오리와 맞서다	76
청나라 신부 주문모 사건	83
벼슬자리에서 물러나 초야에 살다	92
곡산 부사가 되어 선정을 베풀다	100
기나긴 귀양살이의 시작	115
죽음의 문턱에서 다시 유배지로	124
유배지에서 보낸 18년	131
고향으로 돌아와 학문에 몰두하다	144

책 속의 책 펼쳐라! 생각 그물

역사 박사 첫 걸음	실학의 대가, 정약용의 앞선 생각들
역사 꼼꼼 탐구	당파로 살펴본 조선시대
알토란 역사 지식	사회 개혁을 위해 노력한 실학자들
역사 발자취 따라가기	한국 천주교회의 역사
한 걸음 더 역사 정보	조선시대 농민들의 살림살이
속닥속닥 천기누설	백성들도 감동한 정조의 효심
좌충우돌 역사 상식	귀양에도 등급이 있다고?

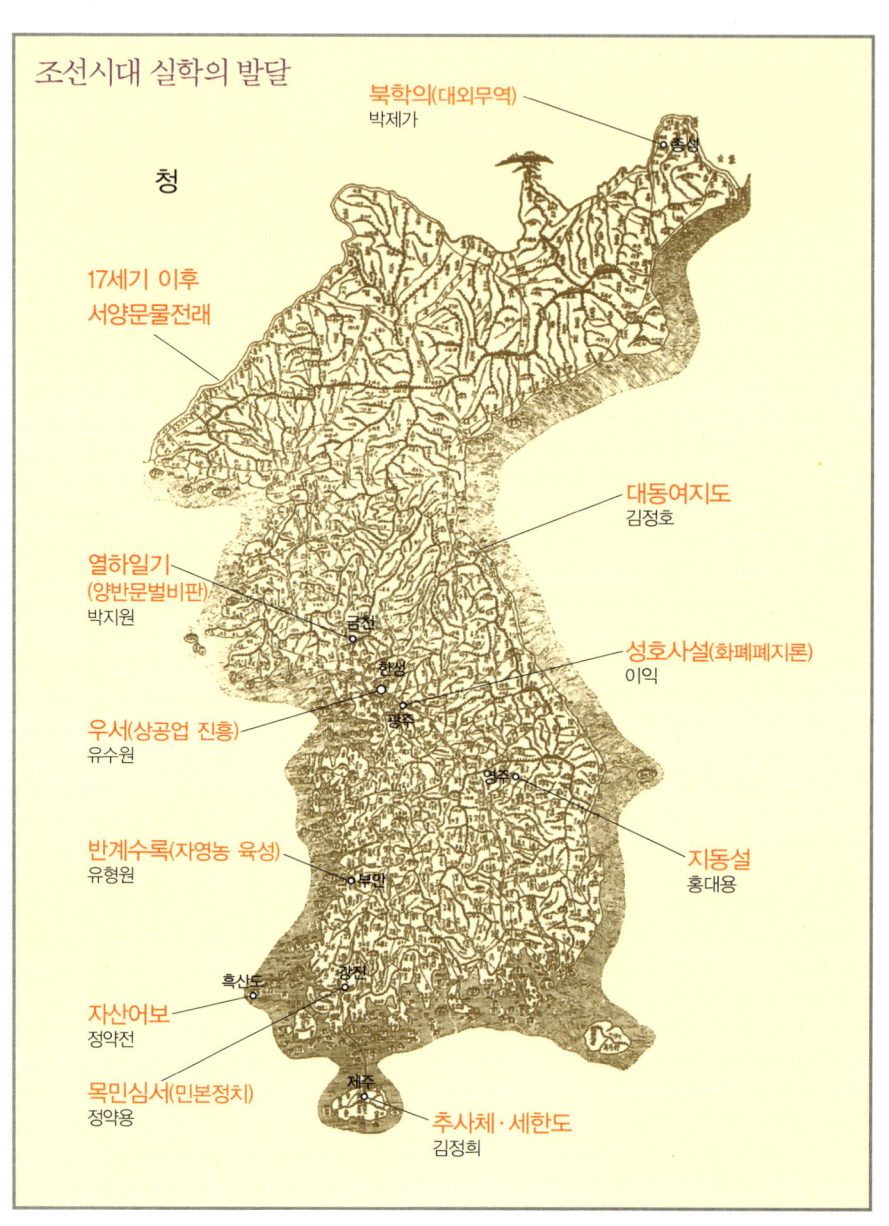

개구쟁이 시인

귀농이의 즐거운 하루

"귀농아, 그쪽이야! 그쪽!"

친구들이 외치는 소리를 듣고 귀농은 후닥닥 달려갔다. 제법 커다란 토끼가 소나무 숲에서 미루봉 쪽으로 달렸다. 쌓인 눈 때문에 토끼는 빨리 달리지 못했다.

"요놈!"

귀농은 재빨리 토끼의 귀를 움켜잡았다.

"와, 잡았다!"

친구들이 소리를 지르며 언덕을 넘어 귀농이 서 있는 쪽을 향해 달려왔다.

귀농과 아이들은 토끼의 목에 끈을 매달아 서로 돌아가며 데리고 놀았다. 폴짝폴짝 뛰는 토끼는 아이들에게 아주 좋은 장난감이었다.

신나게 놀다 배가 고파진 아이들은 바위 아래에 불을 피우고 집에서 가져온 감자, 고구마를 구워 먹었다.

"하하, 쟤 입 좀 봐. 꼭 시커먼 아궁이 같다!"

"히히, 네 입도 마찬가지야!"

아이들은 킬킬거리며 웃다가 눈밭에서 씨름을 하기 시작했다. 아이들 옷은 곧 엉망이 되었다. 눈에 젖은데다가 진흙까지 묻어 집 나온 강아지가 따로 없었다. 신명 난 아이들에게 옷 따위는 아무래도 좋았다. 아이들은 우르르 강으로 몰려가 꽝꽝 얼어붙은 강에서 신나게 썰매를 타고 놀았다. 그러고는 곧 싫증이 나자 새를 잡겠다며 초가집 지붕을 들쑤시며 다녔다.

아이들이 지쳐 집으로 돌아올 즈음, 해는 이미 서산에 걸려 뉘엿뉘엿 지고 있었다.

"잘 가!"

"그래, 내일 또 놀자!"

아이들은 서로 손을 흔들며 헤어졌다. 귀농도 자기가 잡은 토끼를 안고 집으로 달려갔다.

"어라, 도련님이 토끼를 잡아오셨네!"

"그건 그렇고, 옷 꼴이 저게 뭐람. 마님한테 또 혼나겠군."

하인들이 귀농의 모습을 보고 수군거렸다.

아니나 다를까 이내 방에서 나온 어머니가 귀농의 꼴을 보고 쯧쯧 혀를 찼다.

"또 옷이 엉망이 되었구나. 노는 것도 좋지만 그렇게 하고 다니면 동네 사람들이 우리 집안을 어떻게 보겠느냐? 어서 씻고 방으로 들어가거라."

하지만 어머니는 귀농을 크게 혼내지는 않았다. 개구쟁이이긴 하지만 나름대로 자기 할 일은 또박또박 잘하고 있기 때문이었다.

잠시 뒤 깨끗이 세수를 하고 옷을 갈아입은 귀농이 자기 방에서 책을 읽고 있는데, 하인이 와서 말했다.

"도련님, 대감마님께서 부르십니다."

"아버님이 나를?"

"예, 도련님이 쓰신 시를 한 편 갖고 사랑채로 오라십니다."

귀농은 며칠 전에 쓴 시를 들고 사랑채로 건너갔다.

사랑채에는 아버지 친구 서너 분이 와 계셨다.

"허허, 똘똘하게 생겼구나."

"그러게. 참으로 영리하게 생겼어."

아버지 친구들이 귀농을 칭찬했다.

귀농은 가져온 시를 아버지께 건네 드렸다. 그러자 아버지는 경상에 시를 내려놓고 읊기 시작했다.

　　작은 산도 큰 산을 가릴 수 있으니
　　이것은 거리의 멀고 가까움 때문이로다.

아버지 친구들은 저마다 탄성을 질렀다.

"어린아이가 보통이 아니구먼."

"허허, 사물을 보는 눈이 제법이야."

아버지는 손을 내저으며 얼른 말했다.

"과분한 칭찬일세. 내 아들 녀석은 아직 철없는 장난

꾸러기에 불과하다네."

하지만 아버지의 얼굴에는 흐뭇함과 자랑스러움이 듬뿍 묻어 났다. 시를 좀 쓴다는 것은 알고 있었지만, 이렇게 솜씨가 좋은 줄은 미처 몰랐던 것이다.

귀농은 자리에서 물러나 자기 방으로 돌아왔다. 칭찬을 들어서 기분이 아주 좋았다. 귀농은 읽던 책을 다시 펴고 낭랑한 목소리로 읽기 시작했다.

바로 이 장난꾸러기 소년이 정약용이다. '귀농'은 정약용의 어린 시절 이름이다. 정약용의 아버지 정재원은 과거에 급제한 뒤 한양에서 벼슬을 지냈다. 그러나 조정에서 날마다 당파 싸움만 하자 정치에 환멸을 느끼고 고향인 경기도 광주군 초부면 마재로 돌아왔다. 그런데 마침 이때 부인 윤씨가 정약용을 낳자 농촌으로 돌아간다는 뜻의 '귀농'이란 이름을 지어 주었던 것이다.

당파 싸움에 어지러운 조정

정재원이 벼슬을 하던 때는 조선 21대 영조 임금이 나라를 다

마재 생가 정약용의 아버지 정재원은 과거에 급제하였으나 조정에서 날마다 당파 싸움만 하자 정치에 환멸을 느끼고 고향 마재로 내려와 정약용을 낳았다.

스리던 시기였다. 영조 임금은 왕위에 오르자 탕평책을 써서 여러 당파에서 고루 인재를 뽑았다. 당파끼리 서로 싸우는 일을 없애기 위함이었다.

하지만 그 당시 남인, 북인, 노론, 소론 등 사색으로 나뉜 당파 사람들은 모두 자기들의 이익을 위해 끝없이 상대편을 헐뜯었다. 영조 임금이 왕위에 오르기 전부터 큰 권세를 누리던 노론의 무리들은 *역적모의를 하여 반란을 일으켰다. 영조는 급히 손을 써서 반란을 진압하고 반란에 관여한 60여 명을 엄벌로 다스렸다.

그 뒤로도 영조는 여러 정책을 펴서 나라를 안정시켜 나갔다. 백성들의 삶은 조금씩 나아졌고, 문화도 발전했다.

그러던 중, 다시 불미스런 일이 생겼다. 장헌세자에 관한 것이었다. 영조에게는 원래 왕후에게서 난 세자가 있었는데 일찍 죽었다. 그리고 그 뒤 후궁 이씨에게서 태어난 왕자를 세자로 삼았는데, 그가 바로 장헌세자이다.

장헌세자는 매우 영특하였으며, 높은 정치적 안목을 갖고 있

당쟁을 없애기 위한 탕평책

탕평책은 조선 제21대 왕 영조가 당쟁을 없애기 위해 편 정책이다. 탕평이란 『서경』의 '탕탕평평'이라는 데서 나온 말로, 어느 한편에 치우치지 않음을 이른다. 당쟁의 소용돌이를 몸소 겪으며 왕위에 오른 영조는 당쟁의 폐해를 막고, 양반 계급의 세력 균형을 이루기 위해 각 당파의 인재를 고루 뽑아 썼으며, 유생들에게도 당론을 금했다. 이어 1742년(영조 18년)에는 성균관 입구에 탕평비를 세워 유생들에게 어느 한 편에 치우치지 않고 자기 당파를 이루지 않는 군자의 도를 익히도록 권했다.

*역적모의 : 역적들이 모여 반란을 꾀함.

었다. 그런데 그는 아버지 영조가 왕위에 오르는 과정에서 겪은 *신임사화에 대해 부왕과 다른 정치적 견해를 갖고 있었다. 이에 영조를 왕위에 오르도록 했던 노론은 세자를 눈엣가시처럼 여겼다. 또한 노론 편에 서 있던 *정순왕후는 영조에게 자주 거짓 정보를 흘려 두 사람 사이를 이간질시켰다.

이런 마당에 간신 무리들은 세자에게 들러붙어 술과 여자를 권하며 방탕한 생활을 부추겼다. 이렇게 되자 세자는 더더욱 영조 임금의 눈 밖에 나게 되었다.

그러던 어느 날, 한 신하가 장헌세자의 나쁜 행동을 낱낱이 영조 임금에게 고해 바쳤다. 영조 임금은 불같이 화를 냈다.

"못된 놈 같으니라고! 당장 세자를 잡아오너라!"

장헌세자가 잡혀오자 영조 임금은 쌀을 넣는 뒤주 속에 가두고 자물쇠를 채우도록 명령했다.

"아버님, 살려 주십시오! 제발 살려 주십시오!"

장헌세자는 뒤주 속에서 살려 달라고 애원했다. 그 소리가 어찌나 슬펐는지 곁에 있던 궁녀와 신하들은 소맷깃으로 끊임없이 눈물을 훔쳐 냈다.

하지만 영조 임금은 끝내 장헌세자를 꺼내주지 않았다. 결국

*신임사화: 조선 경종 임금 때 왕위 계승 문제를 둘러싸고 노론과 소론 사이에 일어난 사화.
*정순왕후: 조선 영조 임금이 64세에 다시 맞은 아내로 장헌세자를 반대하는 벽파와 손을 잡고, 시파를 탄압하였다.

사도세자 묘 영조는 사도세자가 죽은 2년 뒤에 세손(정조)을 보호하기 위해 죽은 효장세자의 후사로 입적시킨다. 하지만 법적으로 효장세자의 아들이 되었다고, 혈연마저 지워지는 것은 아니었다. 정조가 왕위에 오른 뒤에도 사도세자의 죽음은 끊임없이 조정을 긴장하게 만드는 문제가 된다.

세자는 뒤주 속에서 굶어죽고 말았다.

그러나 그 뒤 영조 임금은 장헌세자가 간신들의 모함과 사람들의 오해를 받았으며, 자신이 경솔했다는 것을 깨달았다.

'오, 내가 사려 깊지 못해 아들을 죽이고 말았구나!'

영조 임금은 매우 가슴 아파하며 장헌세자에게 '사도' 라는 *시호를 내렸다. 사도란 때때로 생각하며 슬퍼한다는 뜻이다.

이 사건은 정약용이 세상에 태어나기 한 달 전에 있었던 일이었다. 그 당시 조정의 신하들은 사도세자의 죽음을 두고 시파

---

*시호 : 제왕이나 재상들이 죽은 뒤에 그들의 공덕을 칭송하여 붙인 이름.

와 벽파로 갈라져 갈등하고 있었다. 시파는 임금의 미움을 받는 세자를 옹호하던 사람들이었고, 벽파는 세자를 죽여야 한다고 주장하던 사람들이었다.

이 일로 당파 싸움을 없애려는 영조의 노력은 허사로 돌아갔다. 사도세자가 비명에 죽고 나자 조정은 더욱 극심한 소용돌이에 휘말리고 만 것이다.

학문에 뜻을 두다

어머니의 죽음

정약용에게는 형 셋과 누나가 하나 있었다. 제일 큰형 약현과 누나는 아버지의 첫째 부인인 의령 남씨가 낳았다. 그 뒤 남씨 부인이 일찍 죽자 아버지는 해남 윤씨를 다시 맞아들여 약전과 약종, 그리고 약용을 낳았다.

정약용의 어머니 해남 윤씨는 명문가의 딸이었다. 할아버지는 학자이자 화가로 이름이 높은 *윤두서였고, 그 윗대의 조상으로는 대학자 *윤선도가 있었다.

*윤두서 : 1668~1715, 조선 중기의 문인이며 화가. 특히 시문에 능하고 그림과 글씨에 뛰어났다.
*윤선도 : 1587~1671, 조선 중기의 문신이며 시조 문학의 대가로 불린다. 당쟁으로 인해 일생을 거의 벽지의 유배지에서 보냈다.

윤씨 부인은 정재원의 두 번째 아내가 되어 집안을 알뜰하게 잘 꾸렸다. 자기가 낳은 자식이 아닌데도 큰아들과 큰딸을 친자식처럼 돌봤으며 남편도 극진히 모셨다. 또 집안에 어려운 일이 생길 때마다 지혜롭게 풀어나갔다.

어린 정약용은 이런 어머니를 매우 좋아하였다. 워낙 개구쟁이라 사고를 많이 쳐서 아버지에게 야단도 많이 맞았지만 어머니 말은 잘 따랐다.

그러던 어느 날, 정약용이 천연두에 걸려 끙끙 앓게 되었다. 당시에는 천연두에 걸려 죽는 사람이 많았다. 다행히 병이 낫는다 해도 얼굴이 얽어 곰보가 되었다.

어머니는 지극 정성으로 정약용을 보살폈다.

"얘야, 내가 옆에 있으니 아무 걱정 말아라. 네 병은 곧 나을 터이니 힘을 내거라."

어머니는 정약용 옆에서 몇 날 며칠 밤새 정성껏 병간호를 했다.

어머니의 정성 때문인지 정약용의 몸은 조금씩 좋아졌다. 펄펄 끓던 열도 내리고 얼굴에 피었던 열꽃도 서서히 가라앉았다. 다행히 얼굴도 얽지 않았다. 다만 한쪽 눈썹 중간에 흉터가

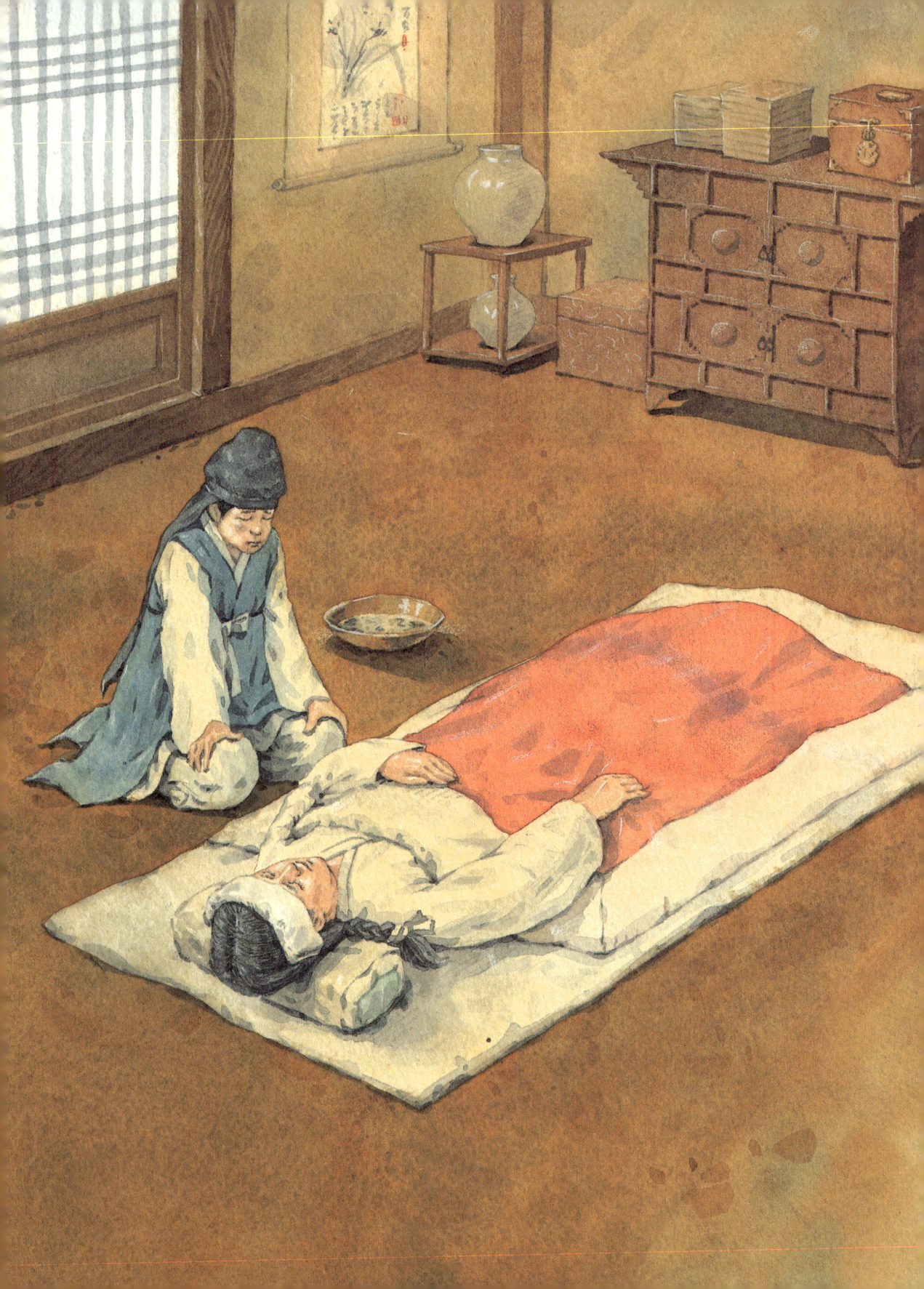

남아 언뜻 보면 마치 눈썹이 셋인 것 같았다. 이 때문에 정약용은 '삼미'라는 호를 갖게 되었다. '삼미'란 눈썹이 셋이라는 뜻이다.

정약용의 병이 나은 지 얼마 되지 않아 이번에는 어머니가 시름시름 앓기 시작했다. 원래 몸이 약한 편이었는데 며칠 밤을 지새우며 아들 병간호를 하다 보니 몸이 견뎌내질 못한 것이다.

"어머니, 저 때문에 이렇게 앓게 되셨으니 이 불효를 어찌합니까?"

정약용은 어머니가 그랬던 것처럼 어머니 곁에서 정성스레 병간호를 했다. 아버지와 형들이 좀 쉬라고 해도 막무가내로 어머니 곁을 지켰다.

"나는 괜찮으니 가서 글이나 읽으렴."

어머니가 힘없는 목소리로 말했다.

"어머니가 이처럼 앓고 계시는데 글이 머리에 들어오겠습니까?"

정약용은 자리를 뜨지 않고 정성을 다해 어머니를 간호했다.

하지만 어머니는 끝내 자리에서 일어나지 못하고 세상을 떠나고 말았다.

어머니는 돌아가시기 전 정약용을 따로 불러 유언을 남겼다.

"너에게는 남다른 총명함이 있으니 부지런히 공부하거라. 그럼 틀림없이 큰 인물이 되어 나라와 백성들을 위해 큰일을 할 게다."

갑자기 어머니가 돌아가시자 어린 정약용은 하늘이 무너지는 듯한 큰 슬픔에 잠겼다. 아무것도 할 수 없을 만큼 기운이 빠져 하루 종일 울기만 했다. 아버지와 여러 형제들이 북적대며 행복하게 살던 집도 순식간에 썰렁하게 변해 버렸다.

정약용은 한동안 슬픔에서 헤어나지 못했다. 책이 손에 잡히지 않아 날마다 산으로 들로 다니며 혼자 슬픔을 달랬다.

당나귀에 책을 싣고 다니는 아이

정약용은 다시 맘을 잡고 책을 읽기 시작했다. 어머니의 유언을 따르려면 이렇게 허송세월을 하면 안 된다고 생각했기 때문이다.

그때부터 정약용은 아버지에게 다양한 학문을 배우기 시작했다. 유교의 가르침이 담긴 경서는 물론 역사, 문학, 철학 등에 관한 다양한 책을 읽어 나갔다.

어느덧 열 살이 된 정약용은 그 또래 아이들과 비교할 수 없을 만큼 많은 책을 읽은 상태였다. 어쩌면 정약용은 어머니를 잃은 슬픔을 학문으로 달래고 있는지도 몰랐다.

아버지는 이런 정약용을 무척 대견스러워했다.

어느 날 아버지가 말했다.

"그동안 지은 시들을 모두 가져오너라."

정약용이 시를 가져오자 아버지가 한 편 한 편 살펴보았다.

"기특하구나. 내가 책으로 만들어 주마."

아버지는 정약용이 쓴 시를 모아 『삼미집』이란 제목을 붙여 책으로 만들었다. 정약용은 겨우 열 살이라는 어린 나이에 시집을 내게 된 것이다.

마을 어른들은 시집을 보고 저마다 칭찬을 아끼지 않았다.

"어린 도령의 솜씨가 보통이 아니야."

"장차 우리 마을에서도 큰 인물이 나올 것 같네 그려."

정약용은 더욱 학문에 열중했고 시도 열심히 썼다. 공부를 하다 모르는 게 있으면 형들이나 아버지에게 물어 반드시 의문점을 해결하고 넘어갔다.

　정약용의 집에는 이제 읽지 않은 책이라고는 한 권도 없었다. 해서 정약용은 당나귀를 끌고 이웃 마을에 책을 빌리러 다녔다.
　하루는 정약용이 이웃 마을에 책을 빌리러 가던 길에 한 젊은 선비를 만났다.
　"양반집 자제 같은데 웬 당나귀를 끌고 다니느냐?"
　선비가 물었다.
　"빌린 책을 갖다 주고 다시 새 책을 빌려 오려고요."
　선비가 고개를 갸우뚱거리며 다시 물었다.
　"그럼 당나귀 등에 실린 게 모두 책이란 말이냐?"
　"그렇습니다."
　"허허, 대단하구나."

그는 일찍이 과거에 급제하여 한양에서 벼슬살이를 하는 이서구라는 선비였다. 훗날 이서구는 대제학과 판서를 거쳐 우의정까지 올랐던 대학자다.

이서구는 예전에도 몇 번 당나귀에 책을 잔뜩 싣고 가는 정약용을 본 적이 있었다.

"지금 당나귀 등에 실린 책들은 어떤 것들이냐?"

이서구가 물었다. 정말로 소년이 그 책들을 다 읽었는지 궁금했던 것이다.

"주희가 지은 역사책 『강목』입니다."

이서구는 깜짝 놀랐다. 강목은 모두 59권으로 이루어진 책으로 어른들도 이해하기 힘든 어려운 내용을 담고 있었다.

이서구는 책을 한 권 꺼내 이곳저곳을 넘겨 가며 정약용에게 물었다.

정약용은 조금도 막힘없이 술술 대답했다.

"허, 정말 똑똑한 소년이구나. 그래 네 이름이 뭐냐?"

"저는 정약용이라고 하옵니다."

"음, 정약용이라……. 부디 열심히 공부하여 큰 인물이 되도록 해라."

"네."

정약용은 공손히 인사를 한 뒤 발걸음을 재촉했다.

정약용의 아버지 정재원은 부인 윤씨가 죽자 황씨와 다시 혼인했다. 혼자 아이들을 돌보기가 힘들어 새 아내를 얻은 것이다. 하지만 황씨 부인은 이내 병이 들어 얼마 살지 못하고 세상을 뜨고 말았다.

정재원은 3년 뒤에 다시 감성 김씨를 새 아내로 맞아들였다. 새 아내 김씨는 정3품 벼슬인 사역원정을 지낸 김의택의 딸이었다.

정약용은 새어머니가 들어온 뒤에 눈에 띄게 마음의 안정을 찾았다. 말수가 적고 점잖은 새어머니는 나이는 많지 않았지만, 누구보다도 어린 정약용을 푸근하게 감싸주고 따뜻한 사랑을 베풀었다. 새어머니는 그때 겨우 열아홉 살로, 마흔네 살인 정약용의 아버지와는 나이 차이가 많이 났다.

새어머니가 들어온 뒤로 정약용은 더욱 공부에 매진했다. 친구들과 심한 장난을 치며 노는 일도 차차 줄어들어 제법 의젓한 티가 났다.

아내가 아이들을 잘 돌보자 아버지 정재원은 매우 흐뭇해했다. 나이 어린 아내가 가정을 잘 꾸려 주니 더 이상 바랄 것이 없었다.

정약용은 밖에 나가 산책을 하고 돌아와 새어머니와 이런저런 이야기를 주고받곤 했다. 주로 백성들이 사는 모습에 관한 것이었다.

정약용이 말했다.

"어머니, 추수가 끝났는데도 굶는 백성들이 참 많아요."

"그렇다는구나. 왜 그럴까."

"풍년이 들어 수확을 많이 해봤자 관가에서 세금으로 다 빼앗아 가니 먹을 게 없는 거지요. 백성들이 불쌍해요."

"그러게 말이다. 굶는 백성들이 없어야 할 텐데……."

정약용은 홀로 방에 들어가 곰곰이 생각에 잠기곤 했다.

'왜 백성들은 늘 가난하고 굶주려야 하는 걸까? 무엇이 잘못된 걸까? 도대체 왜 사람들은 평등하게 살지 못하는 것일까?'

정약용은 이런 생각을 하며 밤새 고민하는 날이 많았다.

집안에 겹친 경사

어느덧 3년이라는 세월이 흘러 정약용은 열다섯 살이 되었다. 열다섯 살이 된 정약용은 승지 홍화보의 딸 풍산 홍씨와 혼인을 했다.

기쁜 일은 그것뿐이 아니었다. 같은 해에 아버지가 호조좌랑이라는 벼슬에 오른 것이다. 가족들은 한양으로 이사 갈 생각에 저마다 들뜬 마음을 감출 수 없었다.

"이제부터는 좋은 일만 생기려나 보다. 이렇게 경사가 겹쳐서 찾아오니 말이다."

새어머니는 누구보다 정약용의 혼인을 축하해 주었다.

정약용이 혼인을 한 1776년은 영조 임금이 세상을 떠난 해이다. 영조 임금이 세상을 떠나자 임금의 손자인 이산이 왕위에 올랐다. 이산이 바로 조선의 22대 임금인 정조이다. 정조 임금은 뒤주에 갇혀 죽은 사도세자의 아들이다.

정조 임금은 왕위에 오르자마자 사도세자를 옹호했던 시파 사람들을 불러들여 벼슬을 내렸다. 억울하게 죽은 아버지의 원혼을 달래주고 싶어 생전에 아버지 편에 섰던 사람들을 다시 등용한 것이다.

정약용의 아버지도 이런 정치적 상황 변화 때문에 다시 벼슬을 할 수 있게 된 것이다. 한양으로 이사 온 정약용의 가족은 *명례방에서 살았다.

　왕위에 오른 정조는 아버지 사도세자의 원한을 풀어 주기 위해 벽파 사람들에게 벌을 주었다. 어떤 신하들에게는 사약을 내리고, 또 어떤 신하는 귀양을 보내 버렸다. 특히 정조 임금의 외가 일족이며 벽파의 우두머리인 홍인한을 비롯하여 그 주변의 인물들은 모두 죽음을 당했다. 정조 임금의 어머니인 홍대비가 부탁하여 제사를 받들 한두 사람만 살아남았을 뿐이었다.

　벽파 사람들을 응징한 정조는 양주 매봉산에 있던 사도세자의 묘를 수원으로 옮기고 커다란 왕릉으로 꾸몄다. 그러고는 때때로 찾아가 참배를 드리고, 대궐 안에 경모궁을 세워 사도세자의 사당으로 삼았다.

*명례방 : 지금의 명동.

백성들이 잘사는 나라를 꿈꾸다

실학사상과의 만남

한양은 놀라운 곳이었다. 엄청나게 클 뿐만 아니라 신기한 것 투성이였다. 한양에 살고 있던 누이의 남편인, 매형 이승훈은 여섯 살 어린 처남 정약용을 데리고 여기저기 다니며 새로운 것들에 대해 많은 이야기를 해 주었다. 시골에서 자란 정약용에게는 모든 게 신기하고 재미있었다.

하지만 한양에서도 책에서 손을 떼는 법은 없었다. 정약용이 주로 보는 것은 *성리학에 관한 책이었다. 당시 조선의 양반 이

---

*성리학: 성리학은 인간의 본성과 우주의 진리를 논하는 학문으로, 송나라와 명나라에 걸쳐 발달한 유학의 한 갈래다. 주자가 완성하였다 하여 주자학이라고도 한다. 우리나라에는 고려 때 안향이 처음으로 들어와 조선 중기에 이르러 전성기를 맞았다.

상 지배 계급에게는 성리학이 인기였다. 그러다 보니 정약용이 보는 책도 거의 성리학에 관한 것이었다.

어느 날 책을 읽고 있던 정약용에게 매형 이승훈이 다가와 말을 건넸다.

"책벌레답게 여전히 책을 보고 있구먼."

"네, 그런데 비슷한 책들만 계속 보다 보니 좀 지루합니다."

이승훈이 빙긋 웃으며 말했다.

"지체 높은 선비들이 많이 공부하는 성리학이란 학문은 그다지 재미가 없는 편이지. 너무 이론적이라서 말이야. 어떤가? 내가 새로운 학문을 소개해 줄 테니 공부해 볼 텐가?"

"새로운 학문이라고요?"

정약용의 눈이 반짝하고 빛났다.

"내 외숙부님 댁에 책이 아주 많다네. 함께 가보세."

정약용은 당장 따라 나섰다. 매형 이승훈의 외숙부는 학식이 뛰어나기로 유명한 학자 이가환이었다. 물론 정약용도 이미 이가환에 대한 이야기를 들어 잘 알고 있었다.

정약용은 새로운 학문이 무엇인지 매우 궁금했다. 가슴이 두근거리기까지 했다.

이가환의 집에 들어서자 이승훈이 정약용을 사랑채로 안내했다.

"안녕하십니까? 정약용이라고 합니다."

정약용은 이가환에게 절을 올렸다.

"반갑네. 자네 소문은 익히 들어 알고 있었네. 젊은 학자를 드디어 보게 되는군. 어릴 때도 신동이라는 소문이 자자했다지?"

이가환의 말에 정약용은 얼굴을 붉혔다. 나이 차이도 많았지만 학문의 깊이나 폭이 자신과는 비교도 안 된다고 생각했던 이가환에게서 그런 칭찬을 받고 보니 어찌할 바를 몰랐던 것이다.

"과찬의 말씀이십니다. 그저 책을 조금 보았을 뿐입니다."

정약용은 그렇게 말한 뒤 방 안을 둘러보았다. 방에는 책이 굉장히 많았다. 정약용은 눈이 휘둥그레져 책을 보며 한동안 멍하니 앉아 있었다.

이승훈이 쿡쿡 옆구리를 찌르며 말했다.

"자네 우리 외숙부님의 증조부가 누군지 모르나? 바로 성호* 이익 선생이라네. 그러니 책이 이렇게 많을 수밖에."

정약용은 깜짝 놀랐다. 이익은 대학자이자 실학의 대가였다.

이가환이 물었다.

---

*이익: 1681~1763, 조선 영조 때의 실학자로 몰락한 남인의 가정에서 태어나 평생 벼슬을 멀리하고 오직 학문에 힘썼다. 모든 학문은 실제 사회에 필요한 것이어야 한다고 생각했으며, 직업에 귀천이 없으니 양반도 산업에 종사해야 한다고 주장하였다.

"자네, 실학을 공부해 본 적 있나?"

"여기저기서 듣기는 많이 들었는데 아직 공부하지는 못했습니다."

"그럴 줄 알았네. 책을 몇 권 빌려줄 테니 가져가서 읽어 보도록 하게."

이가환은 책장에서 책 몇 권을 골랐다. 그러고는 정약용에게 건네주며 다시 말했다.

"이 책을 다 읽거든 또 와서 빌려 가게. 우리 집 책은 언제든지 와서 빌려 가도 좋네."

"고맙습니다."

정약용은 책을 들고 집으로 돌아와 며칠 내내 꼬박 책만 읽었다.

책을 다 읽은 정약용은 이승훈을 찾아갔다.

"좋은 책을 읽게 해 주셔서 정말 고맙습니다."

이승훈은 깜짝 놀라며 말했다.

"벌써 다 읽었다고? 참으로 대단하군 그래."

이승훈은 허허 웃음을 터뜨리더니 다시 말했다.

"그래 책을 읽고 난 소감이 어떤가?"

"지금까지 제가 읽던 책들과는 완전히 다른 느낌이었습니다. 살아 있는 학문을 접한 느낌이랄까, 하여간 가슴이 확 뚫리는 듯 시원했습니다."

정약용의 말에 이승훈은 고개를 끄덕이며 말했다.

"그랬을 테지. 암, 그렇고 말고."

이승훈은 고개를 끄덕이더니 지금껏 선비들이 주로 읽어 온 책들에 대해 쓴소리를 하기 시작했다.

"권력에 가까이 있는 양반들이 주로 성리학을 공부해 온 터라 사람들은 유학이 최고이고 전부인 줄 알지만, 그게 아닐세. 물론 공자님의 말씀에 배울 게 많긴 하지. 하지만 자네도 알걸세. 성리학은 우리 백성들의 살림살이에 그다지 도움이 안 된다네. 너무 이상적이기 때문이지. 하루하루 살기 바쁜 백성들에게는

실학은 왜 생겨났을까?

실학은 17세기 후반에서 19세기 전반에 걸쳐 일어난 조선 시대의 사조와 학풍을 말한다. 실사구시(사실에 바탕을 두고 진리를 탐구함)와 이용후생(기구를 편리하게 하고 의식을 풍족하게 하여 살기 좋도록 함)의 이념에 바탕을 두어 기술을 존중하고 백성들의 경제생활을 향상시키려 한 근대 지향의 학문 사조이다. 성리학이 초기의 참신한 기운을 잃고 현실 생활과 동떨어진 이론에만 치우치자 이를 비판하여 일어났다.

보다 직접적으로 그들의 삶에 스며들 수 있는 학문이 필요하다네. 이 점은 자네도 부정할 수 없을 거야. 실학은 아주 실용적이라 백성들에게 꼭 필요한 학문이지."

당시 학자들은 실생활에 도움이 되는 학문은 거들떠보려고 하지도 않았다. 사람의 병을 고치는 의학이나 별을 연구하는 천문학 같은 건 주로 천한 사람들이 하는 일이라고 여겼기 때문이다. 그러다 보니 실생활에 도움이 되는 학문은 수준이 뒤떨어질 수밖에 없었다. 학문이라고 하면 공자나 맹자의 말씀만 떠올렸다.

정약용은 이승훈의 말이 가슴 깊이 전해져 오는 걸 느꼈다.

"정말 옳으신 말씀입니다. 무릇 학문이란 실생활에 도움이 되어야 합니다. 그런데 여태껏 제가 본 책들은 한결같이 그런 부분을 무시하고 있었습니다."

"잘 보았네. 그 때문에 우리가 실학을 하려는 것이라네."

정약용은 고통 받는 백성들에 대해 고민하던 터라 실학에 더욱 끌릴 수밖에 없었다. 대부분의 농민들은 양반의 땅을 빌려 농사를 지었다. 그런데 수확을 했다 하면 관청에서 죄다 세금이라고 빼앗아 가 버리니 살림이 도통 나아질 수가 없었다. 반면에 아무것도 하지 않으면서 양반이라는 신분 덕에 빈둥빈둥 먹고 노는 선비들도 많았다. 정약용은 이런 백성의 현실은 무시한 채 학문만을 위한 학문을 하고 싶지는 않았다.

정약용은 이승훈과 헤어진 뒤 곧 이가환의 집으로 찾아가 실학에 관한 새로운 책을 빌렸다. 그러고는 날이면 날마다 책읽기에 몰두했다. 백성들에게 직접 도움이 되고, 나라의 발전에도 꼭 필요한 학문을 연구하는 실학자가 되고 싶었다.

정약용은 책을 읽으면서 자기도 모르게 자주 이렇게 중얼거렸다.

"실학은 살아 있는 학문이다. 나라의 모든 선비들이 실학에 깊이 관심을 가지면 머지않아 모든 백성들이 잘사는 그런 날이 올 것이다."

화순에서 백성들의 삶을 돌아보다

정약용이 이렇게 실학에 열중하는 동안 아버지 정재원은 전라도 화순 현감으로 나가게 되었다.

아버지가 정약용을 불러 물었다.

"나라의 부름으로 전라도 화순으로 가게 되었다. 너도 같이 갔으면 하는데 네 생각은 어떠냐?"

정약용은 망설였다. 한양에 남아 실학에 대한 공부를 더 하고 싶은 마음과 과거에 급제하여 나랏일을 해보고 싶은 마음이 결심을 어렵게 했다.

마침내 정약용이 머뭇거리며 말했다.

"아버님, 요즘 저는 실학에 관한 책을 읽고 있는데 무척 흥미롭습니다. 한양에 있어야 책을 더 볼 수도 있거니와 과거 시험을 보기 위해서도 이곳에……."

정약용이 말끝을 흐리자 아버지가 진지하게 말했다.

"약용아, 학문은 책 속에만 있는 것이 아니다. 백성을 다스리는 것을 직접 옆에서 보는 것도 중요한 일이다. 또 과거 공부는 그곳에 가서 해도 문제없을 것이다."

정약용은 고개를 끄덕였다. 가만히 생각해 보니 아버지의 말에도 일리가 있었다.

"알겠습니다, 아버님. 제 생각이 모자랐습니다. 아버님의 뜻에 따르겠습니다."

얼마 뒤, 정약용은 아내 홍씨와 함께 부모님을 따라 전라도 화순으로 내려갔다.

아버지의 말대로 화순에서의 생활은 정약용에게 많은 도움이 되었다. 백성들의 생활 속으로 들어가 실질적으로 그들의 삶을 경험할 수 있는 기회가 한양에서보다 훨씬 많았다. 정약용은 사람들과 어울리며 그들의 삶을 가까이서 보기도 하고 무등산 같은 경치 좋은 곳을 찾아다니며 시를 짓기도 하였다.

청렴결백한 정약용의 아버지는 화순 지방을 슬기롭게 잘 다스렸다. 백성들 사이에서도 새로 온 현감에 대한 칭찬이 자자했다. 그런데도 백성들의 살림살이는 좀체 나아지지 않았다. 현감 한 명의 힘으로 될 일이 아니었다. 많은 벼슬아치들이 더 높은 벼슬자리를 차지하기 위해 윗사람에게 뇌물을 바쳤다. 뇌물을 바치는 자가 자기 주머니에서 돈을 꺼낼 리는 없었다. 당연히 그들은 백성의 재산을 빼앗아 뇌물을 마련했고, 백성의 살림은 날로 궁핍해졌다.

정약용은 이런 나라 안의 현실을 보며 많은 생각을 했다.

'현감 한 사람이 선정을 베푼다고 백성들이 하루아침에 잘 살게 되는 것은 아니다. 문제는 전체 사회의 잘못된 구조와 제도에 있다. 나라와 백성이 잘 살려면 사회제도를 바르게 뜯어 고

치는 과감한 개혁이 필요하다.'

 정약용은 과거에 급제하여 벼슬길에 나서 잘못된 제도를 뜯어고치고 비리와 부정을 없애 나라를 개혁하리라 마음먹었다.

 3년이 지나자 아버지 정재원은 경상도 예천 군수로 자리를 옮겼다. 윗사람에게 뇌물을 바치거나 아부를 하지 않는 정재원은 지방 관리로만 떠돌 수밖에 없었다. 하지만 자신의 소신을 굽힐 생각은 조금도 없었다. 아무리 지방관으로 떠돌아다닐지라도 선비로서의 자존심만은 끝까지 지키고 싶었기 때문이었다.

 정약용의 생활은 예천에서도 크게 달라지지 않았다. 실학 공부를 하면서도 과거 시험 준비를 꾸준히 해 나갔다. 뿐만 아니라 고을을 돌면서 백성들의 생활상도 눈여겨보았다.

 아버지는 다시 울산 도호부 부사로 발령을 받았다. 정약용은 이번 만큼은 아버지를 따라가지 않았다. 과거 시험을 보기 위해 아내과 함께 한양으로 올라갔다.

정조 임금의 총애를 받다

임금의 사랑을 받게 된 정약용

1783년, 정약용은 스물두 살의 나이로 과거 초시에 합격했다. 그 다음에 본 회시에서도 무난히 합격했다. 초시란 제1차 시험이고, 회시는 초시에 합격한 다음 *어전에서 보는 제2차 시험이다.

정약용에게 전갈을 받은 아버지와 어머니는 누구보다도 기뻐했다.

"드디어 약용이가 자기 뜻을 이루고 큰 꿈을 펼 수 있게 되었

*어전 : 임금이 있는 궁궐.

구나. 참으로 기쁜 일이다."

형제들과 집안사람들도 모두 정약용의 과거 급제에 축하의 인사를 보내며 자기 일처럼 기뻐했다.

정약용의 급제를 축하하는 사람이 또 있었다. 어린 시절 고향에서 만난 이서구였다. 그는 일부러 정약용을 찾아와 크게 기뻐하며 축하했다.

"어릴 때부터 남다르더니 역시 기대를 저버리지 않는군. 다시 보게 돼서 반갑네. 축하허이. 부디 나라의 큰 일꾼이 되기 바라네."

"고맙습니다."

정약용은 이서구에게 진심으로 감사의 뜻을 표했다.

그 다음 해에 정약용은 스물세 살의 나이로 경연에 나가 정조 임금에게 *『중용』을 강의하게 되었다. 경연은 임금이 학식과 덕망이 높은 선비들을 불러 학문을 배우는 일로, 선비나 학자에게는 가장 영광스러운 자리였다.

젊은 나이에 임금을 가르치게 된 터라 정약용은 철저히 준비한 다음 경연에 나갔다.

경연이 끝나자 정조 임금이 말했다.

*중용 : 유학 경전인 사서의 하나. 공자의 손자인 자사가 지은 것으로 중용의 덕과 인간의 본성인 성에 대하여 설명하고 있다.

"경연을 맡은 학자 중에 정약용이 가장 뛰어나오. 그의 강의는 쉬우면서도 빈틈이 없어 저절로 이해가 되오. 그 정도 실력이면 머지않아 나라의 훌륭한 재목이 될 것이라 믿소."

이 말은 *승지를 통해 정약용에게 전해졌다.

"전하께서 그대의 강의가 가장 뛰어나다고 칭찬하셨다오."

정약용은 황송해하며 겨우 이렇게 말했다.

"과찬이십니다. 앞으로 더욱 열심히 공부하라는 말씀으로 알겠습니다."

그 뒤로 정조 임금은 정약용을 직접 불러 시를 짓게 하거나 함께 이야기를 나누기도 했다. 정조 임금은 젊은 학자 정약용의 인품과 학식에 반해 갈수록 더욱 신임하여 곁에 두고 싶어했다.

정조 임금이 정약용을 신임한다는 소문은 금세 대궐 안에 퍼져 나갔다.

"허허, 젊은 학자의 실력이 대체 어느 정도기에 전하께서 그렇게 신임을 하시지?"

"정말 뛰어난 젊은이인가 보군."

신하들은 저마다 정약용 이야기를 하며 부러워했다. 하지만 정약용은 그런 말에는 전혀 아랑곳하지 않고 묵묵히 자신의 실

*승지 : 임금의 비서.

력을 쌓아갔다.

　1787년, 정약용이 스물여섯 살이 되었을 때 하루는 정조 임금이 정약용을 조용히 불렀다.

　"어서 오시오. 내 마음이 울적하여 그대를 불렀소. 어디 내 앞에서 시를 한 편 지어 보시오."

　정약용은 머리를 조아린 채 즉석에서 시를 한 수 지어 임금에게 바쳤다.

　시를 읽어 본 정조 임금은 고개를 끄덕이며 허허허 웃었다.

　"참으로 잘 지은 시로군. 역시 뛰어난 문장가는 다르구나! 어디 한 군데 손 볼 곳이 없으니 그야말로 강물이 흘러가듯 아름다운 시로다."

　정조 임금은 그 자리에서 *『국조보감』이라는 귀한 책과 질이 좋은 종이 백 장을 상으로 내렸다. 당시에는 종이가 귀하던 시절이라 종이를 상으로 내리는 것은 아주 영광스러운 일이었다.

　그 뒤로도 정조 임금은 자주 정약용을 불러 시를 짓게 하고 책이나 종이 등의 상을 내리곤 했다.

　한 번은 병법에 관한 책을 선물하며 정약용에게 이렇게 말하기도 했다.

*국조보감 : 조선 역대 임금의 공적에서 모범이 될 만한 일을 엮은 역사책.

"그대는 글을 하는 문신이지만 장수의 기상도 있으니 특별히 병법에 관한 책을 상으로 내리노라. 그러니 부디 문무를 겸비한 학자가 되어 나라의 큰 재목이 되길 바라노라."

정약용은 정조 임금의 총애에 몸 둘 바를 몰랐다.

"제 몸이 죽어 백골이 된다 해도 전하의 성은은 잊지 않겠나이다."

정약용은 임금 앞에 큰절을 올리며 그렇게 말했다.

정조 임금의 사랑과 신임을 받으며 정약용의 벼슬은 갈수록 높아졌다. 1789년에 정식으로 문과에 급제한 뒤 그해 5월에는 부사정이 되었고, 다음 달에는 정7품 벼슬인 가주서가 되었다. 또한 그 다음 해에는 임금의 공문서를 작성하는 예문관에서 검열이라는 직책을 맡았다.

천주교를 접하게 되다

정약용이 계속 임금의 사랑을 받자 하나둘 시기하는 사람들이 늘어났다. 그들은 어린 정약용이 임금의 사랑을 독차지하는 것이 불만스러웠다. 그래서 무슨 꼬투리를 잡을 게 없을까 호

시탐탐 노리고 있었다.

그러던 중, 그들은 정약용이 서학을 하고 있다는 것을 알아냈다. 서학이란 서양의 학문을 뜻하는 말로 그 가운데 하나는 천주교 사상이고, 다른 하나는 청나라에서 활동하고 있는 서양인 선교사들에 의해 전해진 천문학과 지리학 등의 근대 과학과 기술이었다.

새로운 학문에 욕심이 많은 정약용은 몇 년 전부터 천주교 사상과 서양의 과학 기술에 관심을 두고 있었다. 그래서 주변의 학자들에게 책을 빌려 서학에 관한 다양한 지식을 쌓고 있었다.

정약용이 처음 서학에 관심을 두게 된 것은 이벽의 영향 때문이었다. 이벽은 정약용의 큰형 정약현의 처남으로 나이가 정약용보다 여덟 살 많은데, 정약용과는 큰형수 이씨의 제사에서 처음 만났다.

진보적인 학자인 이벽이 이런저런 말을 하다가 자연스럽게 서학 이야기를 꺼냈다. 호기심 많고 새 학문에 관심 많은 정약용이 질문을 했다.

"지금 말씀하신 서학이라는 게 뭡니까?"

이벽은 자신이 알고 있는 천주교 사상과 서양의 과학 기술에 대해 자세히 설명해 주었다. 이익의 『성호사설』이란 책에도 얼마쯤 언급이 된 내용이라 정약용은 귀를 쫑긋 세우고 이벽의 이야기를 들었다. 이야기를 모두 듣고 난 정약용은 서학을 공부해 보아야겠다고 다짐하게 되었다.

그 이후 정약용은 매형 이승훈에게 서학에 대한 이야기를 다시 듣게 되었다. 매형 이승훈은 사신으로 청나라에 가게 된 아버지를 따라 북경에 갔었다. 그리고 그곳에서 그라몽이라는 프랑스인 신부에게 천주교 세례를 받았다. 그 뒤 조선으로 돌아와 주변의 뜻있는 사람들을 모아 차차 천주교를 전파하기 시작했다. 정약용을 다시 만난 것도 이 무렵이었다.

이승훈이 정약용과 마주앉아 말했다.

"잘 있었나? 난 아버님을 따라 청나라에 다녀왔네."

정약용에게 천주 신앙을 전한 이승훈

조선 후기의 천주교 순교자이며 교명은 베드로이다. 1783년에 관리인 아버지를 따라 청나라에 가서 천주교의 교리를 익히고, 이듬해에 그라몽 신부에게서 영세를 받아 우리나라 최초의 천주교 영세자가 되었다. 그해 교리에 관한 서적과 십자가를 갖고 조선으로 돌아와 은밀히 교회를 세우고 포교에 힘썼다. 이때 정약용을 비롯한 정약전, 정약종 삼형제도 이승훈을 통해 천주교 신자가 된다.

"말씀 들었습니다. 먼 길에 고생이 많으셨겠습니다."

"고생보다는 아주 뜻 깊은 여행이었네."

"뜻 깊은 여행이라고요?"

"그렇다네. 북경에서 세례를 받고 왔으니까 말이야."

정약용은 매형의 말을 이해할 수 없었다. 아직 조선에는 천주교가 널리 알려지지 않은 상태라 정약용도 아는 바가 거의 없었기 때문이다.

이승훈이 내처 말했다.

"우리 조선이 더욱 발전하려면 서양의 발전된 과학 기술을 받아들여야 하네. 또한 천주교 사상이 백성들에게 큰 힘을 줄 수 있을 것이야."

이승훈은 천주교 신자가 된 사연을 모두 말해 주었다. 그리고 정약용에게 『천주실의』라는 책을 빌려 주었다.

정약용이 공손히 책을 받아들었다.

"새로운 사상이라면 저도 꼭 공부해 보겠습니다."

집으로 돌아와 『천주실의』를 읽어 본 정약용은 신선한 충격을 받았다. 그 책에는 인간은 창조주가 만들었으며, 그러므로 귀한 사람도 천한 사람도 없이 모두 평등하다고 쓰여 있었다.

천주실의 중국 명나라에서 선교 활동을 한 예수회 소속 이탈리아 신부 마테오 리치가 한문으로 쓴 천주교 교리서이다. 천주교 설파를 위해 유교와의 유사점을 찾으려고 노력한 흔적이 보인다.

수직적이고 절대적인 신분제도에 비판적인 생각이 있던 정약용에게 평등 사상에 기초한 서양의 합리적이고 과학적인 사고방식은 마음 깊이 와 닿았다.

이승훈과 이벽 등이 조금씩 포교의 폭을 넓히면서 조선에도 차차 천주교 신자가 늘어갔다. 그들은 명례방에 모여 예배를 보곤 했다. 그 자리에는 정약용의 형 정약전과 정약종, 이승훈의 숙부 이가환을 비롯하여 권일신, 이벽 등이 끼어 있었다. 이들은 모두 서학을 공부하다 천주교를 믿게 된 지식인들이었다.

노론의 공격을 받다

정약용이 천주교를 믿는다는 사실이 알려지자 노론의 대신들은 길길이 뛰었다.

"정약용을 포함한 남인들이 천주교를 믿는다고 하오."

"중인들과 아녀자들까지 천주교에 빠져들고 있다지요?"

"그러게요. 천주교는 신분을 무시하고 모든 사람이 평등하다고 가르친다고 하니 정말 큰일이오. 이 나라가 어찌 되려는 건지……. 쯧쯧."

노론 사람들은 신분 체계가 무너져 자신들이 누리고 있는 부와 권력을 뺏길까 봐 두려웠다.

"맞소. 천주교는 신분 체계를 흔들어 결국 나라를 망하게 할 것이오. 그런데 어찌 그런 종교를 믿을 수가 있단 말이오. 천주교를 믿는 이들을 모두 조정에서 쫓아내 버려야겠소."

"게다가 전하께서 정약용을 특별히 아끼시니 이러다가는 남인이 점점 세력을 키워 우리가 먼저 쫓겨날지도 모르오. 그 전에 그들을 없애 버려야 하지 않겠소?"

결국 노론 세력은 정약용과 남인 사람들을 공격하기 위해 천주교 문제를 당파 싸움에 끌어들이기로 했다. 그러고는 서둘러 정조 임금께 아뢰었다.

"전하, 우리 조선은 오랫동안 유교를 나라의 근본으로 삼고 있습니다. 그런데 요즘 들어 서양에서 들어온 천주교가 아무것도 모르는 양민들을 현혹한다 하옵니다. 그들은 천국과 지옥을

말하며 백성들에게 겁을 주기도 한다니 정말 큰 문제가 아닐 수 없사옵니다."

"신은 천주뿐이라며, 조상에게 절하는 것을 불경하게 여겨 제사를 지내지 않는다 합니다. 세상에 어찌 이런 불효막심한 일이 있을 수 있습니까?"

"그뿐 아니라 천주교 신자들은 모든 사람이 평등하다 하여 신분제도를 부정하고 있습니다. 이대로 두면 머지않아 큰 혼란이 일어날 것이옵니다. 굽어 살피옵소서."

정조 임금은 말없이 듣기만 했다.

그러자 다른 신하가 나서서 다시 아뢰었다.

"그렇습니다. 이들은 양반과 상민의 구별을 없애야 한다고 주장합니다. 이들을 그냥 뒀다간 나라가 큰 혼란에 빠질 것이옵니다. 부디 천주교를 믿는 자들에게 큰 벌을 내리소서."

정조 임금은 말없이 고개만 끄덕였다. 사실 정조 임금도 천주교나 서학에 대해 조금은 알고 있었다. 발달한 서양의 학문을 배우는 일은 꼭 필요한 일이고, 만민이 평등하다는 주장에도 일리가 있었다.

하지만 조상에게 제사를 지내지 않는 것은 이해가 되지 않았다. 다른 것들은 제쳐 두고라도 조상에게 제사를 지내지 않는 것만은 그대로 보아 넘길 수 없었다. 전통적인 유교 도덕관으로 보았을 때 조상에게 제사를 지내지 않는 것은 인간의 근본을 뒤흔들 만큼 위험한 일이었다.

정조 임금은 그들을 바로 벌하지는 않았다. 천주교에 관련된 인물들은 자신의 아버지 사도세자가 죽게 되었을 때 끝까지 살려야 한다고 주장한 남인들이었다. 정조 임금은 남인들에게 고마운 마음이 있었다. 그래서 웬만하면 벌을 주고 싶지 않았던 것이다.

하지만 노론의 분위기가 심상치 않았기에 정조 임금은 천주교를 믿는 선비를 몇 명 잡아다가 조사했다. 하지만 큰 문제가 발견되지 않아 다시는 천주교를 믿지 않겠다는 약조를 받고 모두 풀어 주었다.

그러던 중에 다시 노론 쪽 신하들이 정약용을 모함하는 사건이 벌어졌다. 정약용이 예문관 검열로 과거 시험 감독을 하면서 자기 당파 사람에게만 후한 점수를 주어 더 많이 합격시켰다는 내용이었다.

이렇게 연이어 노론에게서 불만의 소리가 나오고 사건이 터지자 정조 임금도 더는 어떻게 할 수 없었다.

"그런 부정이 있었다면 당연히 정약용이 책임을 져야 할 것이오. 지금 당장 정약용을 귀양 보내시오."

1790년, 스물아홉 살의 정약용은 충청도 서산의 해미로 귀양을 갔다. 하지만 정약용의 귀양살이는 겨우 열흘에 불과했다. 정조 임금이 다시 진상을 조사한 결과 정약용이 부정을 저지르지 않았다는 것이 밝혀졌기 때문이었다.

이에 정조 임금은 정약용을 모함한 무리들에게 벌을 내리고, 정약용은 다시 예문관 검열 자리로 복귀시켰다.

그 일이 있은 뒤로 정약용은 짧은 시간 동안 승승장구했다.

며칠 만에 벼슬이 높아지는가 하면 한 해에도 몇 번이나 벼슬이 올랐다. 또 관리들이 보는 시험에서 우수한 성적을 내 몇 번이나 상을 받기까지 했다.

1792년, 서른한 살이 된 정약용은 홍문관 수찬이 되었다. 홍문관은 대궐 안의 책과 문서 등을 관리하고 연구하는 매우 중요한 기관이었다. 정약용이 홍문관에 들어감으로써 정약용의 집안은 무려 9대에 걸쳐 홍문관의 일을 맡는 영광을 안게 되었다.

정약용이 홍문관에서 일하게 되자 정조 임금은 자주 정약용을 불러 정사에 대해 상의하곤 했다.

"임금은 나라의 아비가 되어 백성을 편하게 해 주어야 하오. 앞으로 어떤 것에 중점을 두고 정치를 해야 할지 좋은 생각이 있으면 말해 보시오."

정약용은 평소에 품고 있던 생각을 기탄없이 아뢰었다.

"전하, 나라와 백성을 잘 보살피려면 무엇보다도 인재를 잘 등용하셔야 합니다. 전하께서 아무리 좋은 마음을 품고 있다 해도 아래 관리들이 제대로 하지 않으면 바른 정치가 되지 못하옵니다."

"옳은 말이오."

주합루 주합루는 1776년(정조 즉위년)에 지은 2층 누각으로 아래층은 왕립도서관인 규장각 서고이고 위층은 열람실이다. 초기 왕실도서관으로 출발한 규장각은 점차 정책연구기관으로 기능하여 정조의 개혁 정치와 조선 중기 문예 부흥의 산실 역할을 하였다. 채제공, 정약용, 이가환, 박제가, 유득공, 이덕무 등 적서의 구별 없이 다양한 인재들이 활동하였다. 주합루라는 편액(종이, 비단, 널빤지 따위에 그림을 그리거나 글씨를 써서 방 안이나 문 위에 걸어 놓는 액자.)은 정조의 친필이다. 정조는 학문을 사랑하고, 선비를 사랑하며, 백성을 자식과 같이 돌보는 참된 임금이었다. 정조에 대한 '행록'이나 '행장'을 보면 늘 손에서 책을 놓는 일이 없었고, 평소 비단옷을 입지 않고 거친 무명베를 기워 입었으며, 하루에 두 끼를 먹고 보통 때는 음식 종류가 세 가지를 넘지 않았다고 한다.

정조 임금의 총애를 받다 · 61

"지역과 출신에 상관없이 많은 사람들이 과거를 볼 수 있도록 기회를 주어야 합니다. 또한 높은 관직에 있는 사람의 자제라 하더라도 실력이 부족하면 관리로 등용하면 안 됩니다.

현재는 가문이나 아버지의 관직을 배경 삼아 능력 없는 이들이 너무 쉽게 벼슬길에 나오고 또 높은 자리에 오르고 있습니다. 이런 일이 멈추지 않고 반복되면 실력은 있지만 신분이 낮은 이들은 아예 기회조차 얻지 못한 채 초야에 묻혀 버리고 말 것입니다."

"그것도 옳은 말이구려. 잘 생각해 보겠소."

정조 임금은 그 뒤로 관리를 뽑을 때 어느 지역 사람이라도 똑같이 기회가 돌아가게 했다. 또 *서자에게도 과거에 응시할 수 있는 자격을 주었다. 나아가 서학을 공부하는 선비들도 관리로 등용하도록 했다.

이는 정조 임금이 백성을 어떻게 생각했는지, 정약용을 얼마나 믿었는지를 잘 보여 주는 사례이다.

정약용은 관리 등용 문제 외에도 토지제도나 조세 문제 등에 관해서도 바른 소리를 하여 백성을 위한 정치가 이루어지도록 힘썼다.

*서자: 첩에게서 태어난 아들.

이렇게 정약용이 정조 임금의 각별한 신임을 받게 되자 노론 사람들은 정약용을 궁지에 빠뜨리기 위해 잔뜩 벼르고 있었다.

역사의 소용돌이 속에 서다

온 나라를 뒤흔든 진산사건

1791년, 전라도 해남현의 진산에서 뜻하지 않은 사건이 발생했다. 그 고을에 사는 윤지충이라는 선비가 돌아가신 어머니의 제사를 모시지 않겠다고 한 것이다.

윤지충은 정약용의 외사촌 형으로, 한양에 왔다가 명례방에서 천주교를 알게 되어 세례를 받았다. 천주교 신자가 된 뒤 어머니는 물론 주변 친구들에게도 천주교를 전파하며 독실한 신앙생활을 하던 윤지충은 어머니가 돌아가시자 천주교 방식대로 장례를 치르려고 한 것이다.

윤지충이 제사를 모시지 않겠다고 하자 집안 어른들이 펄쩍 뛰었다.

"이 천륜도 모르는 놈아! 천주학쟁이는 조상도 없고 부모도 없단 말이냐! 당장 제사를 모시지 못할까!"

"그렇게 할 수 없습니다. 저는 천주교의 의식으로 장례를 치를 것입니다. 저도 어머니도 천주교 신자입니다. 어머니를 천주님의 품으로 보내 드리려 하는데 무엇이 문제입니까?"

"이놈아! 우리 집안 얼굴에 먹칠을 하겠다는 거냐!"

"돌아가신 분은 저의 어머니이고 저는 상주입니다. 제 뜻대로 할 터이니 더 이상 말씀 마십시오."

마침 그때 윤지충의 외사촌인 권상연이 문상을 왔다. 권상연 역시 독실한 천주교 신자였다.

"형님, 유교식으로 제사를 모시면 *배교하는 것입니다. 그러니 끝까지 형님 뜻대로 하십시오."

권상연의 말에 힘을 얻은 윤지충은 *궤연을 철거하고 어머니의 위패도 모두 태워 버렸다. 그러고는 천주교 식으로 엄숙하게 장례를 치렀다.

*배교: 믿던 종교를 버림.
*궤연: 죽은 사람의 영궤와 그에 딸린 모든 것을 차려 놓는 곳.

문상을 하고 집으로 돌아간 권상연 역시 사당에 모셔둔 조상들의 *신주를 모두 꺼내 불태워 버렸다.

이런 소식이 전해지자 윤지충과 권상연의 집안 어른은 물론 마을 사람들까지 고개를 설레설레 저었다. 제사를 지내지 않고 신주를 태운 것은 불효 막심한 패륜아들이나 하는 짓이며 유교의 전통을 무시하는 것이라고 한목소리로 비난했다.

진산 군수도 역시 소식을 듣고 크게 노하여 당장 윤지충과 권상연을 잡아들였다.

"내 너의 행적을 다 들었느니라. 그게 사실이냐?"

군수가 추궁하자 윤지충이 침착하게 말했다.

"저는 천주교를 믿는 사람으로 교리에 따라 충실하게 장례를 치른 것입니다. 어머니가 돌아가셨는데, 어찌 불효를 저지를 생각을 하겠습니까? 불효를 저지를 생각도 없거니와 그렇게 장례를 치른 것을 불효라 생각하지도 않습니다."

"뭐라고? 부모의 신주를 태우면 네 어머니의 혼백은 어디로 가겠느냐? 구천을 떠돌며 슬퍼할 것 아니냐?"

"나무로 만든 신주는 우상일 뿐입니다. 천주교에서는 우상에

*신주 : 죽은 사람의 위패.

게 절하는 것을 어리석은 일로 여깁니다. 그러므로 유교에서는 죄가 될지 모르나 우리 천주교에서는 죄가 아닙니다."

진산 군수는 윤지충의 당당한 태도에 할 말을 잃었다. 그래서 이 사건을 조정에 알리고 임금의 명을 기다리기로 했다.

조정에 이 사건이 알려지자 천주교를 탐탁지 않게 여기는 대신들이 펄펄 뛰어 한바탕 소동이 일었다. 이들은 정조 임금에게 달려가 입을 모아 아뢰었다.

"전하! 조상을 극진히 섬기는 것은 우리 조선의 아름다운 풍속입니다. 그런데 윤지충과 권상연은 어머니의 제사도 모시지 않고 신주를 태워 버렸습니다. 엄하게 벌하여 다시는 이런 일이 일어나지 않게 해야 하옵니다."

정조 임금은 천주교 신자들이 조상에게 제사를 지내지 않는 것은 문제가 있다고 생각했다. 하지만 넓게 생각하면, 그들이 자신들의 믿음에 따라 장례를 치른 것이니만큼 그리 큰 죄는 아니라는 생각도 들었다. 남인 계열의 영의정 채제공 역시 크게 문제 삼지 않으려 했다.

하지만 여러 대신들이 일제히 상소하여 일이 커지자 정조 임금도 더는 가만있을 수가 없었다.

"알았소. 앞으로는 서학을 공부하지 못하게 하고 천주교 또한 믿지 못하도록 하겠소. 그러니 서학에 관한 책을 모두 거두어 태워 버리시오. 또 천주교를 믿는 자들은 스스로 그 사실을 밝히게 하고 다시는 천주교에 빠지지 않도록 엄하게 다스리시오."

이 일로 윤지충과 권상연은 처형을 당하고 말았다. 뿐만 아니라 평택 현감으로 있던 이승훈은 자리에서 쫓겨나고, 권일신은 귀양을 갔다. 이 진산사건은 신해년에 일어났다고 하여 신해사옥이라고도 한다.

이 일이 있은 뒤로 천주교를 묵인하는 신서파와 천주교를 탄압하는 공서파가 나뉘어져 조정 안의 갈등은 더욱 심해졌다.

정조 임금이 조용히 정약용을 불렀다.

"그대는 앞으로 천주교를 멀리하고 그 교리를 믿는 자들과 떨어져 지내도록 하오. 그대가 천주교에 빠져 공격의 대상이 된다면 나도 그대를 지켜주기가 힘들 것이오. 그대 같은 인재가 내 곁을 떠나 버리면, 내가 어찌 바른 정치를 펼 수 있겠소? 그러니 천주교를 멀리하겠다고 나와 약조해 주오."

정약용은 정조의 진심 어린 말에 그만 눈물을 보이고 말았다.

"알겠사옵니다, 전하. 앞으로는 절대 천주교와 가까이 하지 않고 학문에만 몰두하겠나이다. 하늘을 두고 약조 드리옵니다."

그러던 어느 날, 한양에 사는 정약전의 집으로 아버지가 위독하다는 전갈이 왔다. 그 당시 정약용의 아버지는 경상도 진주 목사로 근무하고 있었다.

전갈을 받은 정약전은 마재에 연락을 하여 큰형 정약현을 한양으로 오게 했다.

며칠 뒤, 정약현이 한양의 정약전 집에 도착했다. 큰형이 왔다는 전갈을 받고 정약용은 한달음에 달려갔다.

"어서 진주로 가야겠다. 진주까지는 얼마나 걸리겠느냐?"

정약현이 물었다.

"족히 보름은 걸릴 것입니다. 어서 채비를 하여 떠나야겠습니다."

형제는 다음 날 새벽에 길을 떠났다. 천주교에 깊이 빠져 전국 방방곡곡을 다니며 열심히 포교 활동을 하던 정약종은 끝내 연락이 되지 않았다.

세 형제는 부지런히 남쪽으로 내려갔다. 마음이 급해 점심을 거르는 날도 많았다. 그렇게 십여 일을 내려가 어느 주막에 도착했을 때 우연히 진주 감영에서 나온 하인과 마주쳤다.

"아이고, 나으리들 이제야 오십니까?"

"그래, 아버님은 어떠시냐?"

정약현이 묻자 하인이 고개를 푹 숙이고 힘없는 목소리로 말했다.

"주인어른께서는 사흘 전에 돌아가셨습니다."

"뭐, 뭐라고!"

형제는 할 말을 잃고 그만 그 자리에 풀썩 주저앉고 말았다.

"아아, 아버님의 임종도 보지 못했으니 이 불효를 어쩌면 좋단 말이냐!"

"형님, 이럴 때가 아닙니다. 어서 진주 감영으로 갑시다."

"그래, 얼른 가자."

형제는 하인을 앞세우고 급히 길을 떠났다.

진주 감영에 도착한 형제는 아버지의 시신을 충청도 충주의 하담으로 모셨다. 하담에 문중 선산이 있었기 때문이었다.

하담에서 장례를 마친 뒤 정약현은 바로 그곳에서, 정약전과 정약용은 고향 마재로 가 여막을 짓고 *시묘살이를 시작했다. 하지만 독실한 천주교 신자인 정약종에게는 끝내 연락이 되질 않았다.

*시묘살이 : 부모님이 돌아가신 뒤 삼 년 동안 부모의 묘 앞에 여막을 짓고 살면서, 아침저녁으로 제사를 올리고 곡을 하며 지내는 것을 말한다.

사도세자의 넋을 기린 수원성을 만들다

그 무렵, 정조 임금은 아버지 사도세자의 능원이 있는 수원에 새로 성을 쌓기로 하고 일을 맡길 관리를 찾고 있었다.

정조 임금은 영의정 채제공을 불러 물었다.

"수원에 성을 쌓고 싶은데, 누구에게 맡기면 좋겠소?"

정조 임금이 틈만 나면 수원에 있는 능에 참배를 가는 등 아버지에 대한 효심이 지극하다는 걸 알고 있는 채제공은 조심스럽게 아뢰었다.

"전하, 뜻은 참으로 지극하오나 성을 쌓는 데는 돈도 많이 들고 사람도 많이 필요할 것입니다."

"그래서 묻는 것 아니오. 과인도 될 수 있으면 비용과 인력을 적게 들여 성을 짓고 싶소. 그러기 위해서는 뛰어난 설계자가 필요하오. 과인의 생각으로는 정약용이 좋을 것 같은데 어떻게 생각하시오?"

"저도 실학을 공부한 정약용이 적임자라고 생각하옵니다. 하오나 정약용은 지금 부친 상을 당하여 고향 마재에서 시묘살이를 하고 있사옵니다."

"나도 알고 있소. 그래서 생각인데, 그냥 집에서 계획서를 작성하게 하여 제출하게 하면 어떻겠소?"

"괜찮을 듯합니다. 정약용이라면 능히 그렇게 할 수 있을 것이옵니다."

이렇게 하여 정약용은 시묘살이를 하면서 수원성 계획서를 만들게 되었다.

거중기 정약용이 고안한 기계로, 도르래의 원리를 이용하여 작은 힘으로 무거운 물건을 들어 올릴 수 있게 만든 장치. 수원성을 쌓을 때 요긴하게 사용되었는데, 중국 책 『기기도설』을 참고하여 만들었다고 한다.

일단 일을 맡자 정약용은 수많은 책을 읽고 연구하여 계획서를 만들기 시작했다.

얼마 지나지 않아 정약용은 『수원성제』라는 계획서를 써서 정조 임금에게 바쳤다. 그 안에는 효과적으로 사람을 쓰는 방법과 비용을 아낄 수 있는 방법은 물론 큰 돌을 들어올리는 거중기라는 기계의 설계도도 있었다.

계획서를 모두 읽어 본 정조 임금은 껄껄 웃으며 기뻐했다.

"역시 정약용에게 맡기길 잘했어. 여봐라, 이 계획서를 바탕

으로 성을 쌓을 준비를 서둘도록 하라."

정조 임금의 명에 따라 수원성을 쌓기 위한 준비가 착착 진행되었다. 하지만 워낙 큰 공사라 준비하는 시간도 꽤 걸렸다. 정약용이 계획서를 올린 뒤 3년이 흘러서야 수원성의 기공식이 열렸다. 이때는 정약용도 시묘살이를 마쳐 직접 수원성 건설의 책임자로 나설 수 있었다.

수원성은 기공식을 치른 뒤 2년 반 만에 완공되었다. 팔달문, 장안문, 창룡문, 화서문이 달린 수원성은 매우 우람하고 아름다워 '화성' 이라고도 불렸다.

성이 완공되자 정조 임금은 성을 바라보며 눈물을 흘렸다. 비**참하게** 죽어간 아버지가 생각나 가슴이 아팠던 것이다.

"아바마마, 드디어 성이 완성되었습니다. 부디 영혼이나마 이 수원 화성에서 편하게 쉬시길 바랍니다."

그 뒤 정조 임금은 자주 수원 화성에 행차하여 아버지 사도세자의 혼백을 달랬다.

암행어사가 되어 탐관오리와 맞서다

임금에게 비밀 명령을 받다

어느 날, 정조 임금이 홍문관에서 일하고 있던 정약용을 은밀히 불러냈다.

"경기도 암행어사가 되어 주시오."

암행어사란 임금의 비밀 명령을 받아 지방에서 벌어지는 부정과 비리를 그 자리에서 판결하고 처리하는 특사였다. 암행어사는 아무도 모르게 왕명을 수행해야 하므로 임명도 비밀스러웠다.

"알겠사옵니다. 최선을 다해 임무를 수행하겠습니다."

정약용은 임금이 내린 마패를 고이 간직하고 대궐을 나왔다.

다음 날, 정약용은 허름한 옷차림으로 제일 먼저 경기도 연천으로 향했다. 품안에는 정조 임금에게 받은 마패가 들어 있었다.

연천에 도착한 정약용은 주막에 들러 그곳의 민심을 파악했다. 백성들은 곁에 앉은 정약용을 의식하지 않고 이런저런 이야기를 주고받았다.

"우리 현감은 정말 나쁜 놈이야."

"이름도 알 수 없는 세금을 만들어 날이면 날마다 돈과 곡식을 빼앗아가니 차라리 농사를 안 짓는 게 낫겠어."

모두들 현감에 대한 불만이 가득했다. 정약용은 이곳저곳을 다니며 조사했다. 현감의 부정은 한두 가지가 아니었다.

연천의 현감은 정식으로 과거에 급제하여 관리가 된 것이 아니었다. 풍수를 보는 지관 출신으로, 정조 임금이 수원 화성을 쌓을 때 성터를 잡아준 일이 계기가 되어 현감으로 임명된 것이었다.

'임금의 은총을 입어 현감이 됐으면 그 은혜에 보답하기 위해

서라도 더욱 열심히 일해야 할 터인데 오히려 백성들의 피와 땀을 갈취하다니!'

정약용은 혀를 끌끌 찼다.

연천 현감은 *군포, *환곡 등 모든 법을 자기 배를 불리는 데 이용하고 있었다. 군포를 자기 마음대로 조작하여 세금을 뜯어내고, 백성에게 모래를 섞은 곡식을 빌려 준 뒤 돌려받을 때는 법에서 정한 액수보다 훨씬 많은 이자를 요구했다.

연천에서는 그야말로 법이 하나도 지켜지지 않고 있었다. 백성들의 생활이 어려움에도 불구하고 현감은 이런 백성들을 돌보기는커녕 자신의 배를 불리는 데만 정신이 팔려 있었다.

견디다 못한 백성들은 도둑질을 하기도 하고 산으로 들어가 산적이 되어 다른 사람들의 재산을 빼앗기도 했다. 그러다 보니 고을 꼴이 말이 아니었다.

정약용은 마침내 어사출두를 하여 연천 현감을 동헌 마당에 꿇어앉혔다.

"네 이놈! 전하의 은혜를 입어 현감을 하는 놈이 백성들의 고혈을 짜내 자기 배만 불리다니, 그러고도 네가 무사할 줄 알았더냐!"

*군포 : 병역을 면제해 주는 대신 받아들이는 베.
*환곡 : 곡식을 저장하였다가 봄에 백성들에게 꾸어 주고 가을에 이자를 붙여 거두던 일.

정약용은 동헌 높은 자리에 앉아 현감을 향해 불호령을 내렸다.

"저 죄인을 당장 옥에 가두어라!"

현감을 옥에 가둔 뒤 정약용은 모든 장부를 샅샅이 뒤져 부정으로 거둔 세금을 백성들에게 돌려주었다. 또한 죄 없이 옥에 갇힌 양민들을 풀어 주고 위로했다.

암행어사가 출두하여 못된 현감을 벌하자 연천 백성들은 다들 만세를 부르며 좋아했다.

"어사 나리 만세!"

"이제야 우리도 사람답게 살게 되었군, 허허허."

백성들이 기뻐하는 모습을 보자 정약용도 덩달아 기쁘고 뿌듯했다.

연천 고을에서 일을 마친 정약용은 다시 다른 고을로 떠났다. 그런데 다른 곳도 연천과 상황이 비슷했다. 정도의 차이만 조금 있을 뿐 현감과 군수, 아전들이 백성들을 돌아보지 않고 자기 잇속만 챙기는 것은 별반 다르지 않았다. 정약용은 너무 화가 나고 답답하여 눈물이 날 지경이었다.

"백성을 다스리는 *목민관이 백성의 고통을 살펴주기는커녕

***목민관** : 백성을 다스려 기르는 벼슬아치라는 뜻으로, 고을의 원이나 수령 등의 외직 문관을 통틀어 이르는 말.

고혈을 짜내고 있으니 도대체 이게 어찌된 노릇이란 말인가!"

부정한 관리가 판을 치는 고을의 상황은 그야말로 비참했다. 찬바람이 불어오는 겨울인데도 대부분 백성들은 낡고 해진 옷으로 몸을 겨우 가리고, 먹을 것이 없어 산으로 들로 다니며 나무뿌리를 캐내어 목숨을 근근이 부지하고 있었다.

또 다 쓰러질 듯한 오두막엔 병든 노인이 치료도 받지 못한 채 누워 있었고, 갓난아이들은 먹을 것이 없어 나뭇가지처럼 빼빼 말라가고 있었다.

정약용은 곳곳에서 탐관오리들을 혼내 주고 민심을 바로 잡았다. 일을 마칠 때마다 정조 임금에게 보고서를 올려 백성들의 실상을 그대로 알리는 일도 잊지 않았다.

정약용은 다시 바쁘게 걸음을 옮겨 경기도 광주로 향했다. 경기도 관찰사 서용보가 부정을 저지르고 있다는 정보가 들어온 것이다.

경기도 관찰사 서용보는 노론의 유력한 지도자 중 하나였다. 괜히 잘못 건드렸다가는 오히려 정약용이 보복을 당할 수도 있었다. 정약용은 다른 때보다 더욱 조심스럽게 증거를 모았다. 그러자 서용보의 비리가 하나둘 밝혀지기 시작했다.

우선 서용보는 정조 임금이 수원으로 행차하는 길을 깨끗이 단장한다는 구실로 백성들에게 관가의 쌀을 시중보다 몇 배나 비싸게 팔았다. 그리고 그 돈을 모두 자기가 가로챘다.

그뿐만이 아니었다. 서용보는 마전 고을에 있는 향교 땅을 가로채기 위해 그 땅이 풍수지리적으로 좋지 않아 마을에 훌륭한 인물이 나오지 않는다는 엉뚱한 소문을 퍼뜨렸다. 향교가 없어지면 거기에 자기 집안 묘를 이장하려던 속셈이었던 것이다.

이 일은 정약용이 처리한 그 어떤 사건보다 큰 비리였다. 정약용은 모든 증거를 확보한 뒤 정조 임금께 서용보의 비리를 낱낱이 보고했다.

정약용의 보고를 받은 정조 임금은 크게 노하여 소리쳤다.

"참으로 한심한 인물이로다! 여봐라! 당장 경기도 관찰사 서용보를 잡아들여 옥에 가두어라!"

이 일이 있은 뒤 서용보와 가까운 노론 쪽 사람들은 정약용을 더욱 미워하게 되었다. 하지만 정약용은 눈 하나 깜짝하지 않았다. 오히려 왕명을 받들어 부정한 관리들을 응징하고 힘없는 백성들의 기를 살려 준 일에 큰 자부심을 느꼈다.

청나라 신부 주문모 사건

금정으로 좌천을 당하다

암행어사로서 맡은 바 임무를 수행하고 돌아온 정약용은 그 뒤로 계속 벼슬이 올랐다. 홍문관 부교리가 되었다가 다시 동부승지가 되었고, 다음 달에는 병조참의, 그 다음 달에는 우부승지로 승진했다. 그야말로 하루가 다르게 벼슬이 올라가는 고속 승진인 셈이었다.

그 무렵, 난데없이 사건이 터지는 바람에 정약용의 입장이 난처해졌다. 청나라 신부 주문모가 몰래 조선에 들어와 천주교를

 포교한 것이었다. 나라에서 천주교를 금한다고 발표했지만 이승훈과 몇몇 사람들은 이에 굴하지 않고 계속 천주 교리를 설파하고 미사를 보았다. 그러자 갈수록 천주교 신자의 수도 불어났다.
 이승훈은 청나라의 신부들과 연락할 수 있는 비밀 연락망을 가지고 있었다. 바로 *역관들이었다. 역관 최인길, 지황, 윤유일 등은 사신을 따라 청나라에 가게 되면 북경의 *교당에 가서 청나라 신부를 만나 이승훈의 말을 전해 주곤 했다.
 청나라 신부 주문모를 조선에 들어오게 한 것도 이승훈이었

*역관 : 통역을 맡아보는 관리.
*교당 : 종교 단체의 신자들이 모여 예배나 포교하는 집.

주문모 조선에 들어온 최초의 외국인 선교사. 6년 동안 조선의 천주 교세를 크게 확장시키다가 신유박해 때 자수하여 사형당했다.

다. 역관을 따라 몰래 조선으로 들어온 주문모 신부는 생김새도 조선 사람과 다름이 없어 사람들 눈에 잘 띄지 않았다. 이승훈은 주문모 신부를 한 신자의 집에 머물게 하면서 때때로 신자들에게 설교도 하고 세례를 주도록 했다. 이승훈의 이런 노력 덕분에 천주교는 조선 사람들 사이에 더욱 널리 퍼지게 되었다.

 그런데 주문모 신부가 조선에 들어온 지 6개월이 되었을 때 그만 관에 발각되고 말았다. 주문모 신부는 신자들의 도움으로 다행히 잡히지는 않았다. 그러나 나라에서는 이미 모든 사실을 알고 주문모를 잡아들이라는 어명을 내렸다. 수많은 병사들이 그를 찾기 위해 혈안이 되어 있었다.

 상황이 점점 나빠지자 이승훈은 자수를 결심했다. 관가에 나가 혼자 모든 죄를 뒤집어쓰고 문제를 책임질 생각이었다.

심문을 맡은 의금부 관리가 물었다.

"네가 주문모를 불러들였느냐?"

"그렇소. 내가 불러들였소. 내가 모든 것을 주동했으니 나에게 벌을 내려주시오."

이승훈은 포승줄에 묶인 채 순순히 대답했다.

하지만 이승훈 한 명만 처벌한다고 끝날 문제가 아니었다. 의금부에서는 이승훈의 주변 인물을 조사하여 결국 최인길과 지황, 윤유일 등 역관들까지도 모두 체포했다.

이러한 일이 발생하자 천주교를 배척하는 대신들이 벌 떼처럼 일어나 정조 임금에게 아뢰었다.

"하늘 같은 국법을 어기고 천주교를 믿는 자들을 도저히 용서할 수 없사옵니다. 형조판서 이가환은 물론 우부승지 정약용도 같은 패거리가 분명하오니 이들에게도 당연히 그 죄를 물어야 하옵니다."

정조 임금은 고민 끝에 우선 세 명의 역관을 처형하게 했다. 그리고 형조판서 이가환을 좌천시켜 충주 목사로 보내고, 이승훈은 관직을 박탈한 뒤 충청도 예산으로 귀양을 보냈다. 또 정약용은 벼슬을 낮추어 충청도 금정 지역의 *찰방으로 보내 버

---

*찰방: 역에서 말을 관리하는 낮은 벼슬.

렸다.

청나라 신부 주문모를 찾는 일은 쉽지 않았다. 하지만 조정에서도 집요하게 찾아낼 생각은 없었다. 청나라 신부를 잡아 벌을 주면 아무래도 외교 관계가 나빠질 것이 뻔했기 때문이었다.

정약용은 충청도 금정으로 떠나며 깊은 한숨을 내쉬었다. 정조 임금에게 천주교를 믿지 않겠다고 약속을 한 뒤에는 이를 어긴 적이 없는데 이렇게 무고하게 좌천을 당하고 보니 마음이 몹시 울적했다.

정약용은 사람이라면 누구나 평등하다는 천주교의 교리가 마음에 들었던 것은 사실이지만 천주교에 빠진 것은 서학을 좀 더 확실히 이해하려던 학문에 대한 욕심 때문이었다. 게다가 천주교를 완전하게 포기했는데도 문제가 터질 때마다 처벌을 받게 되니 마음이 좋지 않았다. 자신의 의지와 상관없는 일인데도 정조 임금의 은혜와 믿음을 배반하는 듯한 상황이 벌어지는 것도 괴로웠다.

금정 임지로 떠나기 전 정약용은 정조 임금에게 인사를 드리러 갔다. 그 자리에서 정조 임금이 조용히 말했다.

"내가 그대를 금정으로 보내는 것은 그 지역에 천주교가 널리 퍼졌다는 보고가 있기 때문이오. 그러니 그대가 내려가 찰방의 업무를 수행하는 한편 그 사람들을 잘 회유하기 바라오."

정약용은 정조 임금의 사랑에 더없는 고마움을 느꼈다. 비록 좌천시키기는 했지만, 여전히 자신을 믿고 아끼는 마음이 전해졌다.

천주교의 배신자라는 멍에를 지고

금정에 도착한 정약용은 맡은 일에 충실했다. 찰방이란 직책은 바쁜 일이 그리 많지 않아서 시간이 많았다. 정약용은 그동안 읽지 못했던 책을 구해 읽는 한편 그 지역의 사정도 살폈다. 또한 천주교 신자들의 조직을 알아보는 일에도 소홀하지 않았다. 정조 임금의 뜻에 따라 그들을 은밀히 회유해 볼 생각이었다.

얼마 지나지 않아 정약용은 그 지역 천주교 대표를 찾아내 그와 대화를 나눌 수 있었다. 뜻밖에도 그는 정약용이 맡고 있는 역에서 일하는 사람이었다.

"어떤 연유로 천주교를 믿게 되었느냐?"

"세상살이가 너무 힘들었습니다. 또 벼슬아치들이 백성들을 돌보기는커녕 날마다 백성들을 괴롭히는 것을 보고 신분 제도에 회의를 갖게 되었습니다. 그래서 천주교를 믿게 되었지요. 귀한 사람과 천한 사람이 구별 없이 모두 평등하다고 하니까요."

그는 한숨을 푹 내쉬며 말했다.

백성들의 어려운 삶에 대해서는 정약용도 이미 잘 알고 있었다. 나라의 벼슬아치들이 자기 욕심만 채우고, 조정의 대신들은 날마다 당파 싸움만 일삼는데 백성들이 어떻게 희망을 갖고 살아갈 수 있겠는가.

정약용은 고개를 끄덕이며 말했다.

"네 마음을 충분히 이해하겠다. 너도 알겠지만 나도 한때 천주교 신자였다. 천주교는 그 뜻도 좋지만, 서양의 새로운 문물을 받아들일 수 있는 좋은 수단이 될 거라고 생각한다. 하지만 지금은 국법으로 엄하게 금하고 있으니 당장은 천주교를 멀리하는 게 좋겠다."

정약용은 그렇게 말하면서 자기도 모르게 한숨을 내쉬었다. 천주교를 믿는 것이 나쁘지 않다는 것을 스스로 잘 알고 있었지만 그렇게 밖에 말할 수 없는 자신의 상황이 답답했던 것이다.

어쨌든 정약용의 그러한 노력으로 금정 지역의 천주교 교세는 급격히 줄어들었다. 엄하게 다그치는 것이 아니라 하나하나 대화로 설득하는 정약용의 자상한 마음이 그 지역 천주교 신자들에게 그대로 전해졌기 때문이었다.

그러나 이를 보고 비난하는 사람들도 있었다.

"흥, 자기도 천주교 신자면서 신자에게 배교를 하라고 설득하다니!"

"정약용은 천주교의 배신자다!"

정약용은 비난의 목소리를 들을 때마다 가슴이 아팠다. 하지만 어쩔 수 없다고 생각했다. 신하로서 임금에 대한 의리를 모른 체할 수도 없고 나랏일을 맡은 사람으로서 나라의 정책에 부응해야 할 의무도 저버릴 수 없었기 때문이었다.

어쨌든 금정 지역의 천주교 교세가 크게 줄어들자 정약용은 다시 학문에 힘쓰기 시작했다. 이제는 책을 읽는 것에 그치지 않고 한걸음 나아가 한 권 두 권 책을 쓰기 시작했다. 수많은 책을 읽었을 뿐 아니라 백성들이 사는 모습을 훤히 꿰고 있는 정약용은 실학자로서의 자신의 생각과 사상을 하나둘씩 책으로 쓰기 시작했다.

벼슬자리에서 물러나 초야에 살다

계속되는 모함과 시기

정약용의 금정 찰방 시절은 그리 길지 않았다. 5개월쯤 지나자 정조 임금이 다시 정약용을 한양으로 불러올렸기 때문이다.

정조 임금은 정약용에게 공서파의 시기와 미움을 비켜가기 위해 우선 낮은 벼슬을 내렸다.

얼마 뒤에 정조 임금은 정약용을 우부승지라는 자리에 앉혔다. 공서파의 기세가 조금 수그러든 듯하여서였다. 하지만 그게 아니었다. 공서파 대신들은 정약용의 우부승지 임명을 보고 가만있지 않았다.

"전하, 정약용의 우부승지 임명은 가당치 않사옵니다. 그는 단지 전하의 환심을 사려고 천주교에 등을 돌리고 있는 척하는 것뿐이옵니다. 그런 음흉한 인물이 높은 자리에 앉아 있으면 나라가 안정되지 않사옵니다."

"그만하시오! 신들은 모르는 모양인데, 정약용은 금정 찰방으로 있으면서 그 지역의 수많은 천주교 신자들을 설득하여 국법을 바르게 세운 일도 있소. 더 이상 천주교를 믿지 않는 사람에게 자꾸 천주교의 올가미를 씌우지 마시오!"

정조 임금은 버럭 소리를 질렀다. 정약용 같은 인재가 나라를 위해 일할 수 없는 현실이 안타깝기도 했지만, 신서파와 공서파가 서로 갈등하며 자꾸 대치 상황으로 가는 것도 영 보기 싫었다.

정약용은 정조 임금의 말을 전해 듣고 조용히 눈물을 흘렸다. 동시에 조만간 벼슬에서 물러나 임금의 마음을 편하게 해 드리는 게 좋겠다고 생각했다. 자기 때문에 조정이 시끄러운 것 같아 마음이 몹시 불편했다.

며칠 뒤 정약용은 정조 임금을 알현한 자리에서 사의를 표했다.

"전하, 그동안의 성은에 감사드리옵니다. 이제 저는 초야로 돌아가 학문에 열중하고자 하오니 부디 제 뜻을 널리 헤아려 주소서."

정조 임금은 말도 안 된다며 펄쩍 뛰었다. 하지만 정약용도 물러서지 않았다.

"조정에서 파당이 생겨 서로 다투는 것은 나라를 위하여 조금도 득이 안 되는 일이옵니다. 신서파와 공서파로 갈려 갈등하는 이 시기에 제가 벼슬자리에 앉는 것은 전하께 폐를 끼치는 일이옵니다. 부디 얼마간 쉴 시간을 주시옵소서."

정약용의 진심어린 말에 정조 임금은 가만히 고개를 끄덕였다.

"알겠소. 그럼 잠시만 쉬도록 하오. 좋은 때가 오면 내가 다시 부를 것이니 그렇게 아시오."

정조 임금은 굳은 표정으로 마지못해 그렇게 허락했다.

떨어지지 않는 천주교라는 꼬리표

벼슬자리에서 물러난 정약용은 한양의 집에서 조용히 시간을 보냈다. 오랜만에 혼자만의 시간을 가지니 마음이 편안하고 숨통이 트이는 것 같았다.

"다시 책도 읽고 글도 쓰면서 생각을 정리해 보아야겠다."

정약용은 집 뒤에 대나무로 정자를 짓고 그곳에서 한가로운 시간을 보냈다. 때로는 친구들을 불러 함께 시를 짓고 토론을 하기도 했다. 자주 어울리는 친구로는 영의정 채제공의 아들인 채이숙을 비롯하여 이치훈, 윤지눌, 한치응 등이 있었다. 그 자리에는 형 정약전도 자주 끼었다.

친구들이 돌아가면 정약용은 홀로 밤늦도록 글을 쓰거나 책을 읽었다. 학문의 즐거움을 아는 정약용에게는 참으로 오랜만에 느끼는 만족스런 시간이었다.

한편, 그 무렵 정조 임금은 새로 부임한 금정 찰방에게 한 통의 서신을 받았다. 그것은 정약용이 전임 찰방으로 근무할 때 성심성의껏 일하여 그 지역의 관리는 물론 백성들까지 정약용을 칭송한다는 내용이었다.

서신을 본 정조 임금은 고개를 끄덕였다.

"역시 정약용은 다르구나. 그런 지방의 한직에 있으면서도 변함없이 모든 사람에게 좋은 평을 받는 걸 보면, 역시 내가 사람 하나는 잘 보았구나."

정조 임금은 마치 자기가 남에게 칭찬을 받은 것처럼 마음이 흡족하여 자꾸 웃음이 나왔다.

며칠 뒤, 정조 임금은 이조판서를 불러 정약용을 다시 등용하고 싶은데 어떻게 하면 좋겠느냐고 물었다.

"정약용은 누구보다 뛰어난 학자이옵니다. 지금도 집에서 열심히 학문을 하고 있다는 소리를 들었습니다. 이제 그를 다시 등용하여도 좋을 듯하옵니다."

정조 임금은 이조판서의 말에 크게 기뻐했다. 그도 그럴 것이 이조판서 심환지는 정약용이 속한 남인과 반대파인 노론 사람이었기 때문이었다. 반대파 인물이 정약용을 두둔하는 말을 하자 정조 임금은 오랜만에 가슴이 후련했다.

"허허허, 정말 그렇게 생각하오? 그럼 정약용을 다시 불러 써야겠구려."

정조 임금은 당장 정약용에게 벼슬을 내렸다.

하지만 정약용은 임금의 뜻에 따르지 않았다. 아직 조정에 나가 정사를 볼 마음이 없다고 둘러대고 그대로 집에 머물러 있었다. 아직 자신이 나설 때가 아니라고 판단한 것이다.

그러나 정조 임금은 계속 정약용에게 다시 한양으로 올라올 것을 종용했다. 그리하여 정약용은 어명을 받아 가끔씩 책 만드는 일을 하기도 하고, 과거 시험 감독을 맡기도 했다. 이런 일이 몇 번 있은 뒤 정조 임금은 다시 정약용에게 좌부승지라는 높은 벼슬을 내렸다.

정조 임금이 정약용에게 높은 벼슬을 내린 일이 알려지자 이내 잠잠하던 공서파 대신들이 나섰다.

"전하, 정약용을 등용하면 안 되옵니다. 지금 전국에서는 천주교 교세가 불처럼 번지고 있다 하옵니다. 이것은 모두 정약용과……."

"듣기 싫소!"

정조 임금은 버럭 소리를 질렀다. 사실 그 무렵 천주교의 교세는 나라 안에 넓게 퍼져 조정에서도 골머리를 앓고 있었다. 그런 상황에 또 공서파 대신들이 천주교와 정약용을 엮어 공격하니 웬만하면 화를 잘 내지 않는 정조 임금도 참을 수가 없었던 것이다.

자신의 등용 문제로 조정에서 갈등이 생기자 정약용은 스스로 긴 상소문을 올려 다시 한번 벼슬자리에 나가지 않겠다는 뜻을 밝혔다. 벼슬자리를 받아들여 조정에 나간다 해도, 만약 또 문제가 생기면 역시 반대파 사람들과 이런저런 소용돌이에 휘말릴 것이 불을 보듯 뻔했다. 천주교 신자라는 꼬리표도 평생 자신을 따라다닐 것이 분명했다. 자신의 문제로 더 이상 정조 임금에게 심려를 끼쳐 드릴 수는 없었다. 그래서 벼슬을 하지 않겠다고 결심한 것이다.

곡산 부사가 되어 선정을 베풀다

모든 부정과 비리를 밝히다

 정조 임금은 정약용이 한양의 벼슬자리를 계속 마다하자 얼마 뒤 다시 황해도 곡산 부사로 임명했다. 곡산은 깊은 산골이라 백성들의 생활이 몹시 어려웠다. 그런데 곡산 부사와 아전들이 드러내놓고 백성들의 재산을 약탈하자 백성들의 생활은 말할 수 없이 찌들고 민심은 더없이 흉흉했다. 결국 분노한 백성들은 우두머리를 뽑아 곡산 관아로 쳐들어와 소란을 일으켰다.
 사정이 급박해지자 정조 임금은 소신 있고 정직한 정약용을 곡산 부사로 보내기로 결정했다. 중앙의 관리로 등용하면 반대파와 갈등이 생길 터이지만 지방관으로 임명하면 문제가 없을 듯했다. 또 정약용 입장에서도 벼슬을 받아들이기에 부담이 적을 것이었다.

역시 정약용도 정조 임금의 뜻을 헤아려 기꺼이 곡산 부사로 가기로 했다. 조용한 곳으로 내려가 백성들을 위한 참된 정치를 해보고 싶었다. 또한 이번 기회를 통해 정조 임금의 깊은 사랑에 보답하고픈 마음도 간절했다.

정약용이 곡산 부사로 온다는 소식이 전해지자 곡산 백성들은 다들 한목소리로 반겼다.

"이번에 부사로 오시는 분은 임금님의 총애를 받는 지혜롭고 정직한 분이라는구만."

"임금님이 직접 뽑았다고 하더군. 대쪽같이 곧은 분이라니까 아마도 선정을 베풀어 우리의 한을 풀어 주실 거야."

백성들은 다들 이렇게 들뜬 마음으로 정약용이 부임하기를 기다렸다.

정약용은 곡산 부사로 부임하자마자 모든 관리들을 불러 모아놓고 일장 연설을 했다.

"이곳 수령과 아전들이 어떻게 백성들을 수탈해 왔는지 모두 알고 있다. 앞으로 다시 이런 일이 벌어지면 그 누구도 용서하지 않을 것이다. 특별히 지난 일에 대해서는 가타부타 하지 않을 테니 앞으로는 백성들을 속이거나 못 살게 굴어서는 안 된다. 알겠느냐?"

"알겠습니다. 앞으로는 절대 그런 일이 없도록 하겠습니다."

이윽고 정약용은 그동안 곡산에서 벌어진 여러 부정에 대해 조목조목 나열했다. 포목을 세금으로 받을 때 길이가 다른 자를 사용해 백성을 속인 것, 풍년이 들어 쌀값이 싼데도 쌀 대신 돈으로 세금을 받은 일 등 모든 부정을 밝혔다.

이제 막 부임한 부사가 곡산의 일을 부처님 손바닥 보듯 환히 알고 있다는 사실에 전임 부사와 함께 나쁜 짓을 일삼아 온 아전들은 등골에 식은땀이 흘렀다.

정약용이 부임하고 나서 얼마 지나지 않아 한 사나이가 곡산 관아로 찾아왔다. 그가 관아로 들어서자 포졸들이 우르르 달려들어 단번에 포박했다.

정약용이 고개를 갸우뚱거리며 물었다.

"그 자가 누구이기에 포박하는 것이냐?"

"이 자가 바로 백성들 천 명을 이끌고 관아로 쳐들어와 소란을 피운 자입니다."

그러자 포박을 당한 사나이가 땅바닥에 풀썩 엎드리며 말했다.

"나리, 저는 포수 이계심이라고 하옵니다."

정약용이 물었다.

"죄 있는 자가 직접 제 발로 찾아오다니 그 용기가 가상하구나. 그래 내게 무슨 할 말이라도 있는 게냐?"

"포수는 세금으로 일 년에 *면포 한 필을 냅니다. 그런데 전임 부사는 면포 대신 돈 900전을 내라고 했습니다. 당시 면포 한 필이 200전이니, 무려 700전이나 더 내라고 한 것입니다. 저희 포수들뿐만 아니라 농민들도 그동안 지나친 세금에 불만이 많았던 터라 함께 관아에 몰려와 항의를 했던 것입니다."

이계심이 천 명이나 되는 사람들을 이끌고 관아로 들이닥치자 전임 부사는 이계심을 주동자로 체포하려고 했다. 하지만 천 명의 백성들이 이계심 대신 자신이 벌을 받겠다고 나서는 바람에 이계심을 잡을 수가 없었다. 이계심은 그 소란을 틈타 멀리 달아나 숨어 있다가 새로운 부사가 부임했다는 소식을 듣고는 이렇게 달려와 자수를 한 것이다.

*면포: 무명.

정약용은 이계심의 말을 듣고 가만히 고개를 끄덕였다. 이계심이 말한 것은 정약용도 이미 알고 있는 사실이었다. 이계심은 이내 품속에서 두루마리 하나를 꺼내 정약용에게 건넸다.

"이것이 무엇이냐?"

"우리 고을에서 벌어지는 부정들을 제가 적은 것입니다."

정약용은 두루마리를 펼쳐 보았다. 그 안에는 관아의 여러 부정이 빼곡히 적혀 있었다. 정약용은 이미 알고 있던 터라 그 두루마리를 아전에게 보관하게 하고 이계심을 향해 말했다.

"네 말이 모두 옳다. 그동안 관아에서 잘못한 것이 많아 너를 비롯한 많은 백성들이 큰 고통을 받았다. 앞으로는 그런 일이 없을 것이다."

정약용이 잠시 뒤 좌우를 둘러보며 다시 말했다.

"내가 보기에 이계심은 전혀 죄가 없다. 그러니 이 사람을 당장 풀어 주도록 해라."

"정말 고맙습니다, 나리!"

이계심은 코가 땅에 닿도록 깊이 절했다.

이계심이 무사히 풀려났다는 소문이 퍼지자 고을 사람들은 다들 자기 일처럼 기뻐했다.

이계심을 돌려보낸 뒤 정약용은 곧 관아에서 보관하고 있던 자를 모두 태워 버리고 관아 마당에 표준자를 그려 놓았다. 포목을 세금으로 받을 때 아전들이 백성을 속이지 못하게 하려고 한 것이다. 이계심의 두루마리에도 아전들이 긴 자로 포목을 재어 백성들에게 세금을 받은 다음 정부에 바칠 때는 짧은 자를 사용하여 그 이득을 가로챘다는 내용이 들어 있었다. 정약용은 표준자를 그려놓고도 마음이 안 놓여 포목의 길이를 잴 때는 직접 나와 눈으로 확인하기까지 했다.

그 외에도 정약용은 고을 사정을 일일이 파악하여 지도와 호구표를 만들었다. 호구표는 어디에 어떤 사람이 몇 명 사는지 기록해 놓은 도표로 세금을 거둘 때나 병역 등록을 할 때 매우 요긴하게 쓰였다. 또한 아전들이 중간에서 사람 수를 조작하여 세금을 가로채는 일을 막을 수 있었다.

또한 정약용은 관청의 살림살이도 알뜰하게 챙겼다. 전에는 관아에 근무하는 관속들이 관청의 돈을 마구 써서 늘 돈이 부족했다. 내 돈이 아니니 맘대로 써도 된다는 생각이 만연했던 것이다. 관아에 돈이 부족하게 되면 다시 백성들에게서 세금을 거두어 충당해야 했다. 이런 일이 반복되다 보니 갈수록 백성들의 세금 부담은 점점 늘 수밖에 없었다.

정약용이 관청 경비를 꼼꼼히 챙기기 시작하면서 관청에는 돈이 조금씩 쌓이게 되었다.

이뿐만이 아니었다. 정약용은 공물이 중앙 관청으로 들어갈 때도 비리가 저질러지고 있음을 알아냈다. 공물이 전달되면 중앙 관청의 관리들은 이런저런 흠을 잡아 불합격 딱지를 붙였다. 하지만 뇌물을 주면 공물이 시원찮아도 합격 딱지를 붙였다.

정약용은 아예 공물을 보내기 전에 직접 검사를 하고, 공물을 받는 관청 우두머리에게 따로 서신을 보냈다. 부사인 자신이 직접 검토하여 정해진 규격과 품질을 확인한 것이니 아랫사람이 괜히 트집을 잡아 되돌려 보내는 일이 없도록 하라고 한 것이다. 그러자 다음부터는 공물에 관련된 비리들이 완전히 사라져 버렸다.

정약용이 나서서 모든 부정과 비리를 하나씩 해결해 나가자 백성들은 하나같이 입이 닳도록 칭찬의 말을 쏟아냈다.

"참으로 올곧은 원님이 오시니 정말 세상이 좋아졌네 그려."

"이르다 뿐인가. 못된 아전들에게 들볶이지 않으니 정말 살맛이 절로 나네."

한여름에 시원한 냉차로 중국 사신을 대접하다

정약용은 한겨울에 아전들과 잠시 산으로 산책을 나갔다가 산기슭 돌 틈에서 샘물이 흘러나오는 것을 보았다. 정약용은 문득 좋은 생각이 떠올라 하인에게 말했다.

"지금 당장 관아로 가서 삽과 기름종이, 왕겨를 가져오너라."

하인들이 달려가 삽과 기름종이, 왕겨를 가져오자 정약용이 다시 말했다.

"이곳을 깊이 파라."

하인들은 무엇을 하려는 것인지도 모르고 땅을 팠다. 깊은 구덩이가 생기자 정약용은 그곳으로 샘물이 흘러들게 한 뒤 고인 물이 얼 때까지 기다렸다. 물이 얼자 그 위에 기름종이와 왕겨를 덮고 다시 물을 받았다. 그렇게 물이 얼면 기름종이와 왕겨를 덮는 일을 반복했다. 그러고는 맨 위에 언 얼음 위에는 왕겨와 짚을 두껍게 덮어 놓았다.

이듬해 여름에 가보니 얼음은 녹지 않고 여전히 그 모습을 간직하고 있었다. 이 얼음은 매우 요긴하게 쓰였다. 얼음이 있어 상하기 쉬운 음식을 오래 보관할 수 있고, 귀한 손님에게 대접할 수도 있었다.

그해 여름 청나라 사신이 곡산으로 온다는 기별이 왔다. 황해도 지방에서는 청나라에서 오는 사신을 접대하는 일은 매우 중요한 업무 가운데 하나였다.

그래서 청나라 사신이 고을에 온다는 소식이 전해지면 고을 선비 가운데 교생 두 명을 뽑아 청나라 황제가 조선에 보내는 공식 문서인 칙서를 지키게 했다. 약 두 달 동안 교생 두 명은 밤낮으로 칙서가 보관된 관사를 지켜야 했다. 하지만 칙서가 곡산에 머무는 날은 겨우 하루에 불과했다. 그러니 나머지 오십여 일 정도는 괜한 헛고생만 하는 셈이었다. 이 일은 어디로 보나 낭비가 심한 일이었다. 정약용은 혀를 찼다.

"아무리 청나라 황제의 칙서를 지키는 일이라도, 도착도 하지 않은 칙서를 지키기 위해 경비를 쓰는 것은 어리석은 일이다."

정약용은 아예 교생을 뽑지 못하게 했다. 아전들이 교생을 빨리 뽑아야 한다고 아우성을 쳐도 정약용은 꿈쩍도 하지 않았다.

"아직 오지도 않았는데 웬 호들갑이냐. 사신이 고을에 온다는 소식이 전해지면 그때 내게 알리거라. 내게 다 생각이 있으니."

마침내 사신이 곡산으로 온다는 전갈이 오자 정약용은 그제야 아전 두 사람을 뽑아 교생 옷을 입혔다. 그러고는 그들로 하

여금 칙서가 안치된 관사를 지키게 했다. 청나라 사신이 교생들과 직접 대화를 나누는 것도 아니고, 교생이 해야 할 일이 따로 있는 것도 아니기 때문에 문제될 게 없었다.

오히려 정약용은 청나라 사신에게 지난 겨울에 만든 얼음으로 시원한 냉차를 대접하여 좋은 평을 받았다.

"여름에 얼음 냉차를 내오다니 정말 대단하오! 참으로 이가 시릴 정도로 시원하군!"

기분이 좋아진 사신들은 다음 날 곡산을 떠나며 정약용에게

많은 돈을 사례로 주었다. 정약용은 이 돈을 모두 곡산 고을의 발전 기금으로 썼다. 수백 냥의 경비를 아끼고 오히려 사례비까지 받아 관아의 살림살이가 나아지자 관아의 관속들은 정약용의 지혜에 혀를 내두르고 더욱 존경하게 되었다.

백성을 자식처럼 사랑하는 목민관으로 칭송받다

정약용은 한결같이 실용적이고 검소하게 관아의 살림을 꾸렸다. 아무리 높은 사람이 찾아와도 청렴하고 소박한 생활 태도는 바뀌지 않았다.

하루는 황해도 관찰사가 곡산 관아로 찾아왔다. 황해도 관찰사는 곡산 지방의 빼어난 경치를 보고 반해 정약용에게 말했다.

"이렇게 경치가 좋으니 강에 배를 띄우고 뱃놀이나 합시다."

관찰사의 제안에 정약용은 미소를 지으며 조용히 말했다.

"죄송합니다. 관찰사 어른과 제가 강에서 뱃놀이를 하면 백성들이 손가락질할 것입니다. 지금은 농부들이 가장 바쁜 철이니까요. 저 역시 바쁜 공무가 있으니 나중에 하도록 하지요."

마과회통 정약용이 쓴 홍역 치료 방법이 담긴 의학서.

정약용의 말에 관찰사도 허허 웃으며 자기의 경솔한 제안을 거둬들였다.

"역시 정 부사는 백성을 자식처럼 생각하는 참으로 훌륭한 목민관이구려. 미안하오. 허허허."

관찰사는 그렇게 말한 뒤 공무만 보고 다른 곳으로 떠났다.

한번은 곡산 지방에 홍역이 크게 번졌다. 많은 백성들이 홍역에 걸려 고통받자 정약용은 홍역에 대한 의서를 읽고, 그 치료 방법을 연구했다.

정약용은 오랜 연구를 통해 홍역 치료법이 담긴 『마과회통』이라는 책을 펴냈다. 그 뒤로 정약용의 연구와 책 덕분에 많은 백성들은 홍역의 고통에서 벗어날 수 있었다.

이처럼 정약용은 어떤 문제가 생기면 스스로 나서서 해결책을 마련해 나갔다. 백성을 자식처럼 사랑하는 마음을 몸소 실천한 것이다.

  정약용의 선정으로 곡산 고을은 점차 살기 좋은 고을로 바뀌었다. 그동안 꾸준히 실학을 공부하고 몸소 이것저것 연구한 것이 드디어 결실을 맺은 것이다.

기나긴 귀양살이의 시작

정조 임금의 죽음

정약용은 2년 동안 곡산 부사로서 맡은 바 직무를 훌륭히 수행해 냈다. 1799년, 정조 임금은 서른여덟 살이 된 정약용을 다시 한양 조정으로 불러들였다.

정약용이 곡산을 떠나게 되자 곡산 백성들은 다들 아쉬워했다.

"참으로 훌륭한 원님이 떠나게 되니 안타깝기 그지없구먼 그려."

"그러게 말이야. 정말 좋은 원님이었는데……."

많은 사람들은 관아 문 앞까지 와서 눈물로 인사를 대신했다. 정약용은 곡산 백성들과 아쉬운 인사를 나눈 뒤 곧장 한양으로 갔다.

정약용에게는 형조참의라는 높은 벼슬이 내려졌다. 형조는 오늘날의 법무부와 같은 곳이다. 정약용은 이곳에서 형조의 공무를 잘 처리해 나갔다.

하지만 정약용을 미워하는 무리들은 여전히 한양으로 돌아온 정약용을 못마땅하게 여겼다. 예전에 그랬던 것처럼 또다시 정약용을 천주교 주요 인물로 몰아세웠다.

반대파의 비난에 정약용의 마음은 편치 않았다. 나라를 위해 할 일이 태산인데 당파 싸움에만 열중하는 사람들이 야속하기만 했다.

갈수록 노론과 공서파의 비난이 심해지자 정약용은 정조 임금께 자신의 결백을 밝히는 자명소를 올리고 형조에 나가지 않았다. 다시 벼슬자리를 버리기로 마음먹은 것이다.

"짐은 그대가 형조의 일을 계속 봐주었으면 하오."

정조 임금이 직접 나서서 정약용의 마음을 바꿔 보려고 했다.

하지만 정약용의 마음은 이미 바위처럼 굳어져 흔들리지 않았다. 오로지 고향으로 돌아가 학문에 몰두하고픈 마음만 간절했다.

결국 정조 임금은 정약용의 뜻에 따라 주었다.

"그대 같은 충신이 내 곁을 떠난다니 참으로 안타깝구려. 내가 꼭 다시 부를 날이 있을 터이니 그때까지만 고향에 내려가 있도록 하오."

정조 임금의 허락을 받은 정약용은 한양에 있는 집을 처분하고 고향인 경기도 마재로 이사했다. 아내와 학연, 학유 두 아들도 함께였다.

고향 마재로 돌아온 정약용은 오랜만에 다시 마음의 안정을 찾았다. 고향 이곳저곳을 둘러보며 어린 시절의 추억에 잠기기도 하고, 저녁이면 여유롭게 책을 읽거나 글을 썼다. 학문에 열중하고 있는 동안 만큼은 모든 시름이 사라지고 마음이 가벼웠다.

그 무렵, 정조 임금의 건강이 좋지 않다는 소식이 들려왔다. 정약용은 몹시 마음 아파하며 임금의 쾌유를 빌며 날마다 대궐 쪽을 향해 절을 올렸다.

그러던 어느 날, 한양에서 손님이 왔다. 정조 임금이 보낸 사람이었다.

"전하께서 책을 열 권 보내 드리라 하여 갖고 왔습니다."

책을 받아든 정약용은 가슴이 뭉클했다.

"이 가운데 다섯 권은 대감 댁의 가보로 자손에게 전하라 하셨고, 나머지 다섯 권에는 각각 책의 제목을 붙여 다시 가져오라고 하셨습니다."

정약용은 자기도 모르게 감격의 눈물을 흘렸다. 고향으로 내려온 자신을 잊지 않고 이렇게 마음을 써 주는 정조 임금이 참으로 고마웠다.

정약용은 임금의 명대로 다섯 권의 책에 제목을 달아 한양으로 보냈다.

그 뒤로 몇 달이 지나자 정조 임금은 다시 정약용을 한양으로 불렀다. 적당한 벼슬을 내릴 테니 조정에 들어와 함께 정사를 돌보자는 것이었다.

정약용은 한참을 망설인 끝에 한양에 가기로 마음먹었다. 정조 임금의 건강이 좋지 않다고 하니 곁에서 힘이 되어 주고 싶었던 것이다.

고향 마을을 떠나 한양으로 향하던 길이었다. 정약용은 이상한 광경을 목격했다. 웬 사람들이 거리로 몰려나와 땅을 치며 울고 있었다.

"도대체 왜 그러시오? 무슨 일이 있는 거요?"

정약용이 울고 있는 사람들에게 묻자 그들이 한소리로 말했다.

"전하께서 돌아가셨답니다!"

"뭐, 뭐라고!"

정약용은 그 자리에 풀썩 주저앉고 말았다. 한순간에 하늘이 무너져 내리는 것만 같았다.

"아아, 전하……. 이게 무슨 일이옵니까!"

정약용은 자신을 그렇게 아끼고 사랑해 주던 정조 임금이 세상을 떠났다는 게 믿어지지 않았다. 마치 꿈을 꾸고 있는 것만 같았다.

주저앉아 한없이 통곡하던 정약용은 간신히 마음을 추스리고 발길을 다시 고향 마재로 돌렸다.

귀양을 가게 된 정약용

정조 임금이 세상을 뜨자 정조의 둘째 아들이 뒤를 이어 왕위에 올랐다. 이 임금이 바로 조선의 23대 임금인 순조이다. 순조는 겨우 열한 살이었다. 직접 나라를 다스리기에는 너무 어렸다. 그래서 순조의 증조할머니인 정순왕후가 *수렴청정을 하게 되었다.

정순왕후가 정권을 잡게 되자 조정의 판도는 하루아침에 크게 바뀌었다. 정순왕후와 가까운 김관주, 심환지 등 벽파 출신의 사람들이 정권을 잡게 되면서 시파들이 곤경에 처하게 되었다.

벽파 대신들은 시파 사람들을 모함하기 시작했다. 그들은 가장 먼저 서학과 천주교와 관련 있는 인물들을 제거하기 시작했다. 그러자 공서파 대신들도 벽파의 편에 서서 서학과 천주교

* 수렴청정 : 왕실의 웃어른이 왕을 대신하여 나라를 다스리는 것을 말함.

인물들을 공격했다. 정순왕후는 곧 서학과 천주교에 관여한 사람들은 모두 엄히 다스리겠다고 공포했다.

결국 천주교를 믿는 사람들이 전국에서 잡혀왔다. 이승훈, 이가환은 물론 정약전과 정약종, 정약용도 체포되었다. 의금부에서 조사해 본 결과 정약용은 증거가 충분하지 않아 풀어 주는 게 좋겠다는 의견이 나왔다. 하지만 이를 반대하는 재상이 있었다. 그는 바로 정약용이 암행어사를 할 때 향교 땅을 가로채려 했던 서용보였다. 서용보는 순조가 즉위하면서 우의정에 임명되어 대단한 권세를 누리고 있었다.

"정약용은 틀림없는 천주교 신자이며, 그 중에도 교리를 아주 열성적으로 설파하고 다니는 주동자이므로 절대 풀어 주어서는 아니되옵니다."

모든 조사에서 혐의가 없다고 판정이 났는데도 서용보는 끝끝내 정약용을 물고 늘어졌다. 과거의 개인적인 감정이 공적인 일에까지 영향을 미친 것이었다.

결국 신유년(1801년)에 일어난 이 신유박해로 이승훈과 정약종 등 무려 100여 명이 처형되고 400여 명이 귀양을 갔다. 청나라 신부 주문모도 이때 잡혀 사형을 당했고 이가환도 옥에 갇혀 있다가 죽고 말았다.

　정약용과 정약전은 귀양을 갔다. 정약용은 경상도 장기로, 정약전은 전라도 신지도로 귀양지가 정해졌다. 경상도 장기에 도착한 정약용은 어느 늙은 군인의 집에서 거처하게 되었다. 죄도 없이 홀로 머나먼 곳으로 귀양을 오게 된 정약용은 자신의 신세가 참으로 한스러웠다.

　정약용은 거의 바깥나들이를 하지 않고 방에 앉아 책을 읽는 데만 몰두했다. 그러나 때때로 자신을 아껴 주었던 정조 임금이 생각날 때면 눈이 빨갛게 부어올랐다.

죽음의 문턱에서 다시 유배지로

황사영백서 사건

정약용이 장기에서 귀양살이를 하고 있던 중에 또 하나의 사건이 터졌다. 사건의 중심에는 정약현의 사위인 황사영이 있었다. 황사영은 신유박해 때 용케도 강원도 산골로 피신하여 화를 면했다. 그는 함께 피신해 온 신자들과 한동안 그곳에 숨어서 지냈다.

그렇게 지내던 어느 날, 황사영은 한 가지 묘안을 생각해 냈다. 그것은 청나라 천주교 교당에 서신을 보내는 것이었다.

"북경 교당에 서신을 보내 주문모 신부가 처형된 것을 알리면 청나라 황제가 가만있지 않을 것이다. 분명히 어떤 도움을 줄 것이다."

청나라에는 서양 신부들이 많이 들어와 있어서 이 소식이 알려지면 청나라뿐 아니라 서양에서도 힘을 실어줄 것이 분명했다.

황사영이 의견을 말하자 한 신도가 자기에게 좋은 생각이 있다며 말했다.

"백반을 물에 타서 흰 비단에 글을 쓰면 비밀스런 서신을 만들 수 있습니다. 비단에 쓴 글씨가 마르면 글씨가 보이지 않습니다."

"그럼 어떻게 글을 읽는단 말이오?"

"간단합니다. 다시 비단을 물에 적시면 글이 나타나니까요."

"오호, 정말 좋은 방법이군."

황사영은 직접 백반을 물에 타서 흰 비단에 글을 썼다. 물론 그 내용은 주문모 신부의 처형 사실을 알리는 것과 조선에서 천주교를 더 이상 탄압하지 못하게 해달라는 것이었다. 또한 그 서신에는 서양 신부에게 알려 서양의 군함을 몰고 와 조선 정부를 위협해 달라는 내용까지 담겨 있었다. 황사영은 글을 다 쓴 다음 비단을 말렸다. 그러자 글씨가 감쪽같이 사라졌다.

서신이 준비되자 황사영은 신도를 시켜 비밀리에 한양으로 가져가게 했다. 청나라로 가는 역관에게 돈을 주고 북경 천주교당에 배달시킬 생각이었다. 하지만 그 서신은 역관에게 전달되기도 전에 발각되고 말았다. 한양으로 들어간 신도가 그만 포졸의 검문에 걸려 체포되고 만 것이다. 신도는 모진 고문을 견디지 못하고 서신의 내용을 모두 실토하고 말았다.

이 사건이 바로 황사영백서 사건이다. 사건이 백일하에 드러나자 나라가 발칵 뒤집혔다.

"이런 천하에 역적 무리들을 보았나!"

"천주교 패거리들이 이제 나라까지 팔아먹을 생각인가 봅니다! 당장 황사영과 그 무리를 잡아다가 극형에 처해야 합니다."

대신들은 저마다 길길이 뛰었다.

그때 한 대신이 말했다.

"황사영은 정약용의 조카사위올시다. 분명 이 사건의 배후에는 정약용이 있을 테니 정약용을 다시 한양으로 불러와 처형해야 합니다."

"옳습니다! 정약용의 형인 정약전도 다시 조사해야 합니다."

황사영백서 조선 순조 원년(1801)에 황사영이 신유박해의 내용을 중국 베이징에 있는 주교 구베아에게 알리려고 비단에 적은 글. 천주교 박해에 대한 사정을 알리고 우리나라 교회의 재건을 위한 방안을 요청했다. 현재는 로마 교황청에 보관되어 있다.

 황사영백서 사건은 일파만파로 퍼져 전혀 상관도 없는 정약전, 정약용 형제까지 다시 한양으로 압송되기에 이르렀다.
 백서 사건의 주동자인 황사영은 한양으로 잡혀와 바로 처형되었다. 그와 함께 숨어 있던 신도들도 거의 모두 처형되었다.
 정약전과 정약용은 조사가 끝나지 않아 감옥에 갇혀 있었지만 이미 죽은 것이나 다름없었다. 조정의 권세가들이 입을 모아 두 형제를 처형해야 한다고 주장했기 때문에 살아날 길은 거의 없어 보였다.

그런데 정일환이란 선비가 나서서 정약용을 극구 변호했다. 정일환은 황해도에서 벼슬살이를 했던, 대쪽같은 성격의 선비였다.

"정약용을 처형해서는 안 됩니다. 정약용이 황해도 곡산 부사로 있을 때 그의 선정을 내 두 눈으로 똑똑히 보았습니다. 정말로 청렴결백하게 열심히 일하여 곡산을 살기 좋은 땅으로 만들었습니다. 그곳 곡산 백성들은 지금도 정약용을 최고의 원님으로 생각하고 있을 정도입니다."

정일환은 대신들을 향해 열변을 토했다.

"백서 사건이 났을 때 정약용은 경상도 장기에 있었습니다. 유배지에서 아무도 만나지 않았는데 어떻게 백서 사건의 주동자가 될 수 있습니까? 정약용이 백서 사건에 관계했다는 어떤 증거도 없는데 왜 처형하려 합니까? 만일 정약용을 처형한다면 백성들이 가만있지 않을 것입니다. 또한 앞으로 백성들은 조정에서 하는 일을 하나도 믿지 않을 것입니다."

하나하나 모두 조리 있는 말이었다. 정일환의 말을 들은 대신

들은 주춤 물러나지 않을 수 없었다. 무엇보다 백서 사건에 관련했다는 증거가 없었다.

정약전과 정약용은 처형을 면하게 되었으나 다시 귀양지로 떠나야 했다. 귀양지가 바뀌어 정약전은 전라도에 딸린 흑산도라는 섬으로 보내졌고, 정약용은 전라도 강진으로 보내졌다.

"형님, 부디 몸조심하십시오."

정약용은 흑산도로 떠나는 형의 손을 부여잡고 눈물을 흘렸다.

"그래. 너도 몸조심하려무나. 허허, 이제 헤어지면 언제나 만날지……."

형제는 부여잡은 손을 놓을 줄 몰랐다. 결국 두 형제는 다시 만나지 못했다. 십여 년이 지난 뒤 정약전이 흑산도에서 먼저 세상을 떠났기 때문이다.

유배지 강진에 도착한 정약용은 초라한 주막의 뒷방에서 살게 되었다. 이때 정약용의 나이 마흔이었다.

유배지에서 보낸 18년

학문을 갈고 닦으며 제자를 가르치다

주막 뒷방에서 외로운 나날을 보내던 정약용은 자신의 처지를 한탄하며 다음과 같은 시를 한 편 지었다.

> 북풍한설이 몰아치듯 나를 밀어
> 머나먼 남쪽 강진의 주막에 버려두었네.
> 다행히 곁에 낮은 산 있어 바닷바람 막아 주고
> 아름다운 대숲은 세월이 가는 걸 일러 주고 있네.

날이 따뜻해 겨울에도 옷은 껴입지 않지만,
근심이 많아 밤마다 마시는 술이 늘어가네.
나그네 마음 달래주는 것 하나 더 있으니
동백이 설도 오기 전에 꽃을 피운 것이네.

귀양살이를 하는 외로운 마음이 잘 담겨 있는 이 시를 보면 정약용의 그 당시 심정이 어떠했는지 미루어 짐작할 수 있다. 하지만 정약용은 자기 신세 한탄만 하며 세월을 보내지는 않았다.

마침 강진 근처의 해남에는 정약용의 외갓집이 있었다. 친어머니 윤씨의 친정에는 책이 굉장히 많았다. 외가의 조상들이 대대로 그 시대에 손꼽히던 문장가요 고고한 선비였기 때문이다.

정약용은 외갓집으로 사람을 보내 책을 빌려 읽기 시작했다. 한양에서도 구하기 힘든 귀한 책이 많아 손에 잡히는 대로 빌려와 읽었다. 또한 주변에 있는 만덕사라는 절에서 책을 빌려오기도 했다. 만덕사에는 학덕 높은 스님이 책 수만 권을 갖고 있었다.

한편 한양에서는 정약용의 아들을 비롯한 여러 뜻있는 사람들이 정약용의 *해배를 위해 계속 노력했다. 하지만 벽파 사람들의 반대로 결국 뜻을 이루지 못했다. 정약용은 그런 일이 있는 줄도 모르고 오로지 학문에만 열중했다. 특히 책을 쓰는 일에 온힘을 다했다.

정약용이 책을 쓰는 이유는 크게 두 가지였다. 하나는 예로부터 전해지는 다양한 학문을 일목요연하게 정리하기 위함이요, 또 하나는 백성들이 보다 잘살 수 있도록 돕기 위해서였다.

귀양살이를 하며 본 백성들의 삶은 여전히 달라진 게 없었다. 관리들은 제멋대로 세금을 징수하여 가난한 백성들을 더욱 가난하게 만들었다. 아직 태어나지도 않은 배 속 아기의 세금을 거둬 가고, 때로는 죽은 사람도 산 것으로 서류를 위조하여 세금을 받아 냈으며, 여자아이를 남자로 위조하여 세금을 받는 경우도 있었다. 그뿐만이 아니었다. 세금을 낼 힘이 없어 도망친 사람이 있으면 그 사람의 친척에게서라도 기어이 세금을 받아 냈다.

정약용은 백성들의 처참한 삶을 볼 때마다 가슴이 아파 견딜 수가 없었다. 그동안 실학을 열심히 공부한 것도 이런 백성들

*해배: 귀양을 풀어줌.

을 위한 것인데 벼슬자리에서 쫓겨나 이제 뜻을 펼치기도 어렵게 되고 말았다. 하지만 책으로나마 자기 생각을 표현하기로 작심하고 열심히 글을 썼다.

정약용의 저작은 해가 갈수록 많아졌다. 몇 년 만에 수십 권의 책을 집필하여 주변의 선비들을 깜짝 놀라게 했다.

비록 귀양 온 신세였지만 정약용의 이름은 근방에 널리 퍼져 많은 사람들이 찾아와 가르침을 청했다. 또한 정식으로 제자가 되기를 원하는 사람들도 있어 정약용은 정기적인 모임에서 가르치기도 했다. 당시 젊은 서화가로 이름을 날리던 추사 김정희도 정약용을 찾아와 가르침을 받았다.

강진에 사는 윤박이라는 선비는 자신 소유의 만덕산에 정자를 지어 정약용이 학문에 정진할 수 있도록 도움을 주었다. 만덕산은 차가 많이 나는 곳이라 다산이라고도 불렸다. 정약용은 다산의 정자에 지내면서부터 자신의 호를 다산으로 정했다. 이 때문에 정약용이 지내는 정자 역시 다산초당이라고 불렸다.

하루는 고향에서 큰아들 학연이 찾아왔다. 학연은 이미 스물을 넘어 어엿한 성인으로 자라 있었다.

"아버님, 얼마나 힘드십니까?"

다산초당 정약용은 1808년에 다산으로 거처를 옮긴 뒤 점차 마음의 안정을 찾아갔다. 정약용은 다산초당을 운치 있게 꾸몄는데, 연못을 만들고, 꽃나무를 심고, 물을 끌어 폭포를 만들었으며, 외가 쪽 사람들에게서 책 천여 권을 빌려 와 쌓아 놓기도 했다. 정약용은 이곳에서 『목민심서』 『경세유표』 『흠흠신서』 등 수백 권의 책을 썼으며, 조선 후기 실학을 집대성하였다. 현재 이곳에는 정약용이 '정석(丁石)'이라는 글자를 직접 새긴 바위, 차 끓일 물을 떠오던 약천, 차를 끓이던 반석인 다조, 연못 가운데 조그만 산처럼 쌓아놓은 연지석가산 등이 남아 있다.

학연은 아버지 앞에 공손히 엎드려 절을 올렸다. 그러자 정약용의 눈에 그렁그렁 눈물이 맺혔다. 오랜만에 아들을 만나니 자신도 모르게 감정이 북받쳐 올랐던 것이다.

"고향의 가족들은 모두 잘 있느냐?"

정약용이 겨우 감정을 수습하고 물었다.

"네, 다들 잘 있습니다. 저희 걱정은 하지 않으셔도 됩니다. 오직 아버님 건강만 잘 보살피십시오."

그날 밤이 늦도록 정약용은 아들에게 많은 이야기를 해주었다.

"나 때문에 너희들의 벼슬길이 막혀 그게 마음 아프구나. 하지만 학문하는 선비는 꼭 벼슬자리를 위해 학문을 하는 건 아니다. 자신을 수양하고 세상의 이치를 깨닫기 위해 하는 것이니 학문의 기초를 잘 쌓도록 해라."

"아버님 말씀 명심하겠습니다."

"또한 선비는 백성들을 위해 무엇을 할 것인지 늘 생각하고 있어야 한다. 백성들이 살기 좋은 나라를 만들기 위해서는 나라의 정책에 대해서도 꾸준히 공부해야 한다. 무엇보다 실학에 관한 책을 많이 읽고 사회를 어떻게 개혁해 나갈 것인가를 고

심해 보거라."

밤늦도록 이야기를 나눈 정약용은 이른 아침에 아들을 데리고 근처 산 정상으로 올라갔다. 시원한 바람이 불어와 가슴이 후련했다.

멀리 푸른 바다를 바라보던 정약용은 문득 흑산도에서 귀양살이를 하는 형 정약전을 떠올렸다.

'형님은 그 낯선 섬에서 얼마나 고생이 많을까.'

정약용은 한숨을 푹 내쉬었다.

아들이 고향으로 돌아간 뒤 정약용은 다시 책을 쓰고 제자를 가르치는 데 온힘을 모았다. 책을 쓰고, 제자들을 가르칠 때만큼은 세상의 모든 걱정을 잊을 수 있었다. 어떤 날은 귀양 온게 잘 된 일이라는 생각도 들었다. 귀양을 오지 않았다면 이처럼 모든 것을 떨쳐낸 채 학문을 닦을 시간이 없었을 것이었다.

안타까운 나라의 현실을 걱정하다

그러던 어느 날, 한양에서 친하게 지내던 김이재에게서 한 통의 서신이 왔다. 김이재는 그 당시 정권을 잡고 있던 영안부원군 김조순의 친척이었다. 김조순은 순조 임금의 장인으로 당시 조정을 쥐고 흔들 만큼 큰 권세를 누렸다. 하지만 김조순의 친척인 김이재는 벽파가 아니라 정약용과 같은 시파 인물이었다. 김이재의 편지에는 정약용이 한양으로 돌아올 길이 있을지도 모른다는 내용이 담겨 있었다.

정약용은 김이재에게 답신을 보냈다. 정약용의 답신에는 자기를 도와달라는 내용은 하나도 없었다. 그저 강진의 백성들이 얼마나 힘들게 살고 있는지를 알리고, 나라 안에 민란이 일어날지도 모르겠다는 우려의 말이 전부였다.

김이재는 정약용의 답신을 읽고 크게 감동했다.

"자신에 대한 말은 한 마디도 없고 오로지 나라를 걱정하는 내용뿐이구나. 이런 훌륭한 분을 귀양에서 풀어 주지 않다니 정말 문제로다."

김이재는 정약용의 답신을 형 김이교에게 보여 주었다. 김이교는 정약용과 홍문관에서 같이 학문을 연구했을 뿐 아니라 수원 화성을 쌓을 때도 함께 일했던 친구였다. 김이교는 동생이 건네준 정약용의 답신을 읽고 한탄하며 중얼거렸다.

"이처럼 나라를 걱정하는 사람이 귀양살이를 하고 있다니 참

으로 안타깝구나. 하지만 벽파의 대신들이 다들 해배를 반대하니 이를 어쩌면 좋단 말이냐."

정약용은 10년이 넘는 귀양살이에도 아랑곳하지 않고 학문에 열중했다. 집필도 계속하여 『목민심서』*『경세유표』*『아방강역고』 같은 책을 써나갔다. 또한 제자를 가르치는 일에도 힘을 다했다.

그러던 중 평안도 지방에서 민란이 일어났다. 정약용의 우려가 현실로 나타난 것이다. 이 민란을 일으킨 사람은 홍경래라는 사람으로, 무술이 뛰어난 그는 무관이 되고 싶었지만 번번이 과거시험에서 떨어졌다. 당시 권세를 누리던 안동 김씨들이 *세도정치를 하면서 평안도 사람들에게는 벼슬을 주지 않았기 때문이었다. 또한 홍경래는 사회의 여러 불합리한 제도에 대해서도 불만을 갖고 있었다.

홍경래는 전국 각지에서 뜻이 맞는 사람을 모아 오랫동안 준비하여 민란을 일으켰다. 마침 그해에는 흉년이 들어 굶주린 많은 농민들이 민란에 동

*경세유표 : 정약용이 관제 개혁과 부국강병을 논한 책으로, 정치제도의 잘못된 점을 지적하고, 개혁의 의견을 구체적으로 적은 다음 여러 가지 실례를 들어 보였다.
*아방강역고 : 정약용이 편찬한 지리서.
*세도정치 : 왕실의 근친이나 신하가 강력한 권세를 잡고 온갖 정사를 마음대로 하는 정치.

참했다. 홍경래는 자신을 '평서대원수'라고 칭하고 순식간에 평안도 일대를 장악하는 데 성공했다.

하지만 민란은 오래 가지 않았다. 갑자기 만들어진 농민군은

 정약용의 학문적 깊이를 알아준 참된 친구 정약전

정약전은 신유사옥 때 흑산도로 유배되었다. 그곳에 복성재라는 서당을 열고 아이들을 가르치며 글을 썼다. 이때 정약전이 어부들과 함께 어울려 살며 쓴 『자산어보』는 실제 조사와 채집을 통해 쓰여진 우리나라 최초의 수산학 서적으로 평가받는다. 정약전은 정약용의 귀양이 풀릴 것이라는 소식을 듣고 우이도로 거처를 옮겨 동생을 기다렸으나 끝내 동생을 만나지 못하고 죽음을 맞이한다. 정약용은 정약전의 묘지명에 "한배에서 태어난 형제인데다 겸하여 지기(知己)까지 되어 주신 것도 또한 나라 안에서 한 사람뿐이었다."라고 기록하고 있다. 정약용에게 정약전은 형제일 뿐 아니라 정약용의 학문적 뜻과 깊이를 알아주는 참된 친구였던 것이다.

제대로 훈련받은 정부군을 당해낼 수 없었던 것이다. 결국 홍경래는 자신이 머물고 있던 정주성이 함락되면서 죽고 말았다. 민란이 일어난 지 겨우 5개월 만이었다.

정약용은 이 민란을 보고 나라의 여러 가지 제도들에 대해 다시 한번 깊이 생각하게 되었고, 나라의 제도를 개혁하는 내용의 책을 집필하려고 애썼다. 제자들에게도 사회 개혁에 관한 내용을 가르쳤다.

1816년, 어느덧 정약용이 귀양살이를 한 지도 16년이 지났다. 이 해에 정약용에게 슬픈 소식이 날아 들었다. 흑산도에서 귀양살이를 하던 형 정약전이 세상을 떠났다는 것이었다.

"아, 참으로 안타까운 일이로다! 살아서 다시 만날 수 있을 줄 알았는데 이렇게 허망하게 가시다니!"

며칠 동안 정약용은 음식조차 입에 댈 수 없었다. 너무나 안타깝고 가슴이 답답하여 그저 눈물만 흘러나왔다.

고향으로 돌아와 학문에 몰두하다

귀양에서 풀려나 고향으로

세월이 흘러 정약용은 이제 오십 중반의 나이가 되었다. 여전히 정약용은 사회 개혁을 위한 책들을 쓰고 있었다.

정약용이 집필한 책의 내용은 주로 조선의 정치, 토지, 조세 제도 등에 관한 것이었다. 그는 모든 정치, 사회제도를 중국 것에서 그대로 본떠 쓸 게 아니라 우리 실정에 맞게 고쳐야 한다고 주장했다. 또 행정 기구를 축소하고 관리의 숫자를 줄이며 양반이든 평민이든 평생 동안 교육을 받도록 하고, 관리를 뽑을 때는 양반과 평민을 구별하지 말아야 한다고 주장했다. 뿐만 아니라 군사와 산업, 기술, 무역 등에 관해서도 자신의 의견을 과감하게 펼쳤다.

정약용이 이처럼 집필 활동에 열중하고 있을 때 친구 김이교가 찾아왔다. 김이교는 전라도 지방의 암행어사가 되어 활동하다가 일을 마치고 한양으로 가는 길에 정약용의 거처로 찾아온 것이었다.

"참으로 오래간만이네. 그동안 얼마나 고생이 많았는가?"

"허허, 유배지까지 나를 찾아와 주니 참으로 고맙네 그려."

오랜만에 만난 두 친구는 술상을 마주하고 앉았다.

정약용과 김이교는 그날 밤이 깊도록 이야기를 나누었다. 거의 20년 만에 만난 두 친구는 시간 가는 줄도 모르고 회포를 풀었다.

밤이 이슥해지자 김이교가 정약용의 손을 잡고 말했다.

"내가 한양으로 돌아가면 자네를 풀어 주도록 여러 곳에 청원을 할 참이네. 그러니 힘들더라도 조금만 참고 기다리게."

"아닐세. 그럴 필요 없네. 세월이 묶은 것은 세월이 풀도록 그냥 내버려 두게. 내가 무슨 죄가 있어서 귀양 온 것도 아닌데……."

정약용은 그렇게 말하면서 불쑥 김이교의 부채를 펼쳐 들었다. 그러고는 거기에 시 한 수를 적어 주었다. 김이교는 시를 가만히 내려다보며 눈시울을 붉혔다. '푸른 대숲 사이로 비치는 달 아래, 고향을 생각하며 눈물짓네.'라는 마지막 구절이 그의 가슴을 아프게 했던 것이다.

다음 날, 김이교는 정약용과 헤어져 한양으로 떠났다. 한양에 돌아온 김이교는 그 부채를 보물처럼 아끼며 늘 들고 다녔다.

그러던 어느 날, 김이교는 순조의 장인인 영안부원군 김조순을 찾아가 정약용의 시가 적힌 부채를 보여 주었다. 부채시를 읽어본 김조순은 감동을 받아 가만히 고개를 끄덕이며 말했다.

"허허, 정약용이 아직까지 귀양살이를 하고 있다니, 나도 까맣게 잊고 있었구나."

비록 당파는 달랐지만 정약용의 뛰어난 재주를 알고 있던 김조순은 이내 순조 임금을 찾아가 부채시를 보여 주며 정약용을 해배시켜 달라고 탄원했다. 또한 정약용의 해배에 반대하는 대신들에게도 그 부채시를 보여 주었다.

"이제는 그만 정약용을 해배해 줍시다."

"그렇소. 18년이나 지났으니 용서해 주는 게 도리일 것 같소."

부채시를 보고 감동한 대신들도 다들 한목소리로 그렇게 말했다.

마침내 정약용은 김조순을 비롯한 여러 대신들이 순조 임금에게 상소문을 올려 1818년 8월에 정식으로 해배되었다. 장장 18년 만에 한 많은 귀양살이를 끝내게 된 것이다.

정약용이 해배되었다는 소식이 전해지자 강진의 제자들은 매우 기뻐하면서도 한편으로는 스승과 헤어지는 것을 못내 아쉬워했다.

"아쉬워하지들 말아라. 언제든 다시 한번 찾아오마."

"스승님, 부디 몸조심하시고 편히 가십시오."

마침내 쉰일곱 살의 정약용은 유배지 강진을 떠나 고향으로 향했다.

정약용이 고향 마재에 도착하자 아내와 두 아들, 그리고 형 정약현과 조카들까지 달려 나와 반갑게 맞이해 주었다.

"참으로 고생 많으셨습니다, 아버님."

"정말 보고 싶었습니다, 작은아버님."

아들들과 조카들이 그 자리에 엎드려 절을 올리자 정약용이 미소 지으며 말했다.

"허허, 너희들을 보니 내가 고향에 돌아왔다는 게 정말로 실감이 나는구나."

정약용은 고향 마을을 찬찬히 둘러보았다. 꿈속에서도 그리워하던 고향 마을은 변한 게 거의 없었다. 고향 하늘 아래서 숨을 쉬고 있으니 가슴속으로 푸근하고 편안한 기운이 저절로 스며들었다.

목민심서 조선 순조 임금 때, 정약용이 천주교 박해로 전라도 강진에서 귀양살이를 하며 지방관의 도리를 깨우쳐 주려고 지은 책이다. 지방관의 윤리적 각성을 위하여, 농민과 섬 주민의 생활 실태, 벼슬아치들의 부정, 토호(土豪)들이 저지르는 폐단 등을 일일이 들어 논하고 있다. 내용 구성은 12항목에 각각 6조목씩 모두 72조목에 걸쳐 논한 것으로, 48권 16책으로 이루어져 있다. 조선 후기의 부패한 사회상을 엿볼 수 있으며, 사회, 경제사 연구에도 소중한 자료이다.

고향에 돌아와 며칠 동안 편안히 쉰 정약용은 강진에서 가져온 짐을 풀었다. 거기에는 『목민심서』 48권을 비롯하여 여러 가지 책들이 잔뜩 들어 있었다.

"이 나이에 내가 무슨 욕심이 있겠는가. 벼슬도 싫고 권세도 싫으니 오로지 학문에만 몰두하리라."

정약용은 그동안 쓴 책들을 정리하며 다시 새로운 책을 쓰리라 마음먹었다. 고향으로 돌아온 다음 해에 정약용은 법에 관한 책인 『흠흠신서』 30권을 비롯해 우리말 연구서인 『아언각비』 3권을 썼다.

정약용이 계속 학문적 업적을 쌓아나가자 조정에서는 그의 경륜을 인정하여 다시 등용하자는 말이 나왔다. 하지만 서용보 등의 반대파가 찬성하지 않아 결국 무산되고 말았다. 사실 그런 것은 이미 정약용과 아무런 상관이 없었다. 정약용은 이미 벼슬자리 따위에는 아무 미련도 없었기 때문이다.

세월은 강물처럼 흘러 정약용의 나이도 어느덧 육십을 넘기고 칠십을 넘겼다. 나이가 들어 눈이 침침해지고 건강도 나빠졌지만, 정약용의 학문에 대한 열정과 사회 개혁에 대한 열정은 식을 줄을 몰랐다. 끊임없이 책을 쓴 덕분에 그때까지 쓴 책은 무려 500권 정도나 되었다.

당시 최고의 석학답게 정약용의 저술은 문학, 경제, 정치, 지리, 역사 등 미치지 않은 데가 없었다. 자연을 노래하거나 백성들의 어려운 실상을 알리는 내용의 시도 수백 편이나 남겼다. 유배지 강진에서 18년, 또 다시 고향으로 돌아와 18년 동안 정약용은 오로지 백성을 사랑하는 마음으로 학문을 연구하고 수많은 책을 썼다.

1836년 2월 22일 아침 무렵, 조선 최고의 대사상가이자 실학의 대가인 정약용은 고향 마재에서 조용히 숨을 거두었다. 향년 75세의 나이였다. 유족과 제자들은 정약용을 고향 마재에

정약용의 묘 정약용은 75세의 나이로 죽음을 맞이한다. 이미 「자찬묘지명」을 쓸 때 인생을 정리한 정약용은 명당을 찾지 말고 집의 동산에 묻으라는 유언을 한다.

고이 장사지냈다.

  정약용이 죽고 몇십 년이 흐른 뒤, 조선 조정에서는 뒤늦게나마 그의 위대한 업적을 기려 정헌대부 규장각 제학이라는 벼슬을 내리고 문도공이라는 시호도 내렸다. 때늦은 결정이긴 했지만, 마침내 정약용의 위대한 학문적 성과와 개혁 사상이 정식으로 인정받게 된 것이다.

펼쳐라! 생각그물

역사 박사 첫 걸음	실학의 대가, 정약용의 앞선 생각들
역사 꼼꼼 탐구	당파로 살펴본 조선시대
알토란 역사 지식	사회 개혁을 위해 노력한 실학자들
역사 발자취 따라가기	한국 천주교회의 역사
한 걸음 더 역사 정보	조선시대 농민들의 살림살이
속닥속닥 천기누설	백성들도 감동한 정조의 효심
좌충우돌 역사 상식	귀양에도 등급이 있다고?

역사박사 첫걸음

실학의 대가, 정약용의 앞선 생각들

과학적인 안목으로 세상을 보다

조선시대 사람들은 중국이 세계의 중심이라고 생각했다. 하지만 과학기술에 대해 폭넓은 지식을 가지고 있었던 정약용은, 중국 역시 지구 안의 여러 나라 중 한 나라에 불과하다는 것을 알고 있었다. 이는 중국이 세계의 중심이라는 세계관에서 벗어난 것으로, 당시로는 매우 앞선 생각이었다.

또한 정약용은 기술자를 천하게 여기는 당시 관습이 잘못되었다고 생각했다. 그래서 서양의 과학 기술을 적극적으로 받아들여 나라를 부강하게 하여 백성들의 삶을 보다 풍요롭게 만들어야 한다고 주장했다. 그는 직접 도르래의 원리로 거중기를 만들기도 했고, 우리나라에서 처음으로 종두법을 연구하고 실험하기도 했다.

백성이 나라의 근본이다

정약용은 백성이 없으면 왕도 없는 것이니 백성이 나라의 근본이라고 생각했다. 그래서 조정의 관료들이 백성들의 삶과는 상관없이 서로 파를 나누어 싸우는 것을 몹시 싫어했다. 그는 모든 정책은 백성들의 실생활에 도움이 되도록 해야 한다고 주장했다.

또 정약용은 나라에서 법을 정할 때도 되도록 백성에게 유리하게 해야 하며, 백성의 희망에 따라 법을 정해야 한다고 주장했다. 백성의 뜻과 이익을 무시하고 오직 통치자의 뜻에 따라 법을 정하는 것은 옳지 않다고 생각했기 때문이다. 이런 정약용의 주장은 당시에 매우 파격적인 것이었다.

모든 사람은 평등하다

정약용이 서양 학문을 공부하고 천주교에 관심을 둔 것은 서양의 합리적 사고와 실용적인 정신을 가치 있게 보았기 때문이다. 천주에 의해 만들어진 인간은 모두 평등하다는 새로운 이념이 정약용에게 큰 영향을 주었다. 정약용은 모든 사람이 평등

수원화성 조선 정조 때에 경기도 수원시에 쌓은 성으로 정조 18년(1794)부터 20년(1796) 사이에 지어졌다. 정약용의 설계도를 바탕으로 영의정 채제공이 건축을 담당했으며, 실학의 영향으로 거중기, 활차 등 근대적인 기기가 이용되었다. 전통적인 조선의 축성 방법을 바탕으로 서양의 과학기술을 이용해 지어진 18세기 건축 문화의 꽃이라 할 수 있다.

한 만큼 모든 사람이 더불어 행복해져야 한다고 생각했다. 그래서 아무리 양반이라 하더라도 직업이 없다면 당연히 농업이나 상업에 종사해야 한다고 주장했고, 거꾸로 능력이 있는 사람이라면 아무리 신분이 낮더라도 과거 시험을 볼 수 있게 하자고 주장했다.

토지 개혁법, 여전제

정약용은 토지제도의 개혁에 관심이 많았다. 토지제도가 제대로 개혁되어야 모든 백성이 함께 잘살 수 있는 세상이 온다고 믿었기 때문이다.

정약용은 토지 개혁법을 구상했는데 그것이 바로 여전제이다. 여전제는 농가 30호가 모여 일정한 땅을 공동 경작하는 제도이다. 이렇게 공동 경작하여 가을에 수확한 곡식은 일부만 세금으로 내고 나머지는 노동량에 따라 공평하게 분배하자는 것이다. 여전제를 실시하면 땅이 없어 농사를 짓지 못하는 일이 사라지고 모두 일한 만큼 분배를 받으므로 누구나 만족할 수 있을 것이라고 생각했다.

비록 실행되지는 못했지만 정약용의 여전제는 실제 농사를 짓는 백성들의 입장에서 만들어진 매우 획기적인 제안이었다. 역사학자들은 여전제를 단순한 토지 개혁법이라기보다는 정치·경제·문화 전반에 걸친 정약용의 개혁 사상이 모두 합해져 나온 결론이라 보았다.

역사 꼼꼼 탐구

당파로 살펴본 조선시대

당파란 정치적 이념과 이해 관계에 따라 나뉘었던 사람들의 집단을 말한다. 조선시대에는 동인, 서인, 남인, 북인, 노론, 소론이라는 여러 당파가 끊임없이 경쟁과 갈등을 해왔다. 지금의 정당처럼 각 당파들은 서로 갈등, 견제하면서 조선의 정치를 발전시키기도 하고 후퇴시키기도 했다. 여러 당파의 탐구를 통해 조선시대의 정치를 알아보도록 하자.

동인東人과 서인西人

1575년(선조 8년), 이조전랑이라는 벼슬자리를 놓고 시작된 김효원과 심의겸의 다툼이 동인과 서인을 생겨나게 했다. 동인이란 김효원을 편드는 사람들을 가리키던 말로 그의 집이 서울 동쪽에 있던 데서 유래된 것이다. 이들은 정치적·경제적으로 세력이 약한 젊은 선비들로 이루어져 있었는데, 주로 이황과 조식의 제자들이었다.

서인의 중심 인물은 박순, 정철, 김계휘, 윤두수 등이다. 이들은 세자 책봉 문제로 정철이 파직되면서 동인에게 권세를 빼앗겼으나, 그 뒤 인조반정(1623년)으로 다시 세력을 회복하였다.

노론老論과 소론少論

노론과 소론은 남인, 북인과 함께 조선시대 4색당파 중의 하나이다. 1683년(숙종 9년)에 남인과 서인이 세력 다툼을 벌이던 중 남인에 대한 처벌 문제를 놓고 서인 사이에 의견 대립이 생겨 갈라지면서 생겨난 당파이다. 즉 남인의 처벌을 주장하는 김익훈과 송시열 등의 노장파를 노론이라 했고, 학문상의 대립으로 송시열 등을 멀리하는 윤증, 조지겸, 한태동 등의 소장파를 소론이라 했다.

소장파(소론)는 한때 노론과의 싸움에서 이겨 세력을 잡았으나 영조가 왕위에 오른 뒤 노론을 우대하면서부터 정권에서 밀려났다.

남인南人과 북인北人

　남인과 북인 역시 조선시대 4색당파 중의 하나이다. 1591년(선조 24년)에 세자 책봉 문제로 서인인 정철이 물러나게 되었을 때, 정철의 처벌을 놓고 동인은 강경파와 온건파로 갈라졌다. 그 중 강경파를 북인, 온건파를 남인이라 했다.

　온건파인 남인은 초기에는 우성전, 유성룡, 이덕형 등을 중심으로 이루어졌는데, 우성전의 집이 남산 아래에 있었기 때문에 남인이라 부르게 되었다.

　북인의 주동 인물은 이발, 이산해 등이었는데, 주로 대학자인 조식의 제자들이 많았다. 나중에 북인은 다시 대북과 소북으로 나누어졌다.

시파時派와 벽파僻派

　시파와 벽파는 당파의 이름이 아니고 정조의 사도세자(정조의 아버지)에 대한 정책에 찬성하느냐 반대하느냐에 따라 구분된 용어이다. 정조의 사도세자에 대한 정책에 찬성하는 쪽을 시파라 했고, 반대하는 쪽을 벽파라 했다.

　조선시대 중기의 당파 싸움은 주로 남인과 노론, 또는 노론과 소론의 싸움이었다. 특히 남인과 노론의 싸움은 시파와 벽파의 싸움이나 마찬가지였다. 남인의 대부분이 시파였고, 노론의 대부분이 벽파였기 때문이다.

　남인과 노론은 원래 숙종, 경종, 영조 때에도 대립 관계였다. 그러다가 장헌세자 문제로 더욱 갈등의 폭이 커지게 된 것이다. 시파와 벽파의 싸움은 영조의 뒤를 이은 정조, 순조 때에도 계속 되풀이되었다.

알토란 역사 지식

사회 개혁을 위해 노력한 실학자들

실학이란 17세기 후반에서 19세기 전반에 걸쳐 일어난 조선시대의 사조와 학풍을 말한다. 전통적인 유학자들과 달리 실학자들은 사실에 바탕을 두고 진리를 탐구하며, 기구나 도구를 편리하게 하여 백성들이 보다 풍족하게 살도록 돕는 실용적인 학문을 연구한 학자들이었다.
즉 유학(성리학)이 현실 생활과 동떨어진 이론에만 치우치자 이를 비판하기 위해 실학이 일어난 것이다. 실학자들은 주로 청나라에서 들어온 고증학과 서양의 과학적 사고방식을 받아들여 새로운 학풍을 만들어 냈다.
우리나라의 실학자는 3기로 나눌 수 있는데 1기는 이수광, 한백겸, 유몽인, 허균 등이고, 2기는 유형원, 김만중, 이익, 홍대용, 박지원, 박제가, 정약용 등이며, 3기는 김정희, 김정호, 이제마 등이다. 다음은 대표적인 실학자들이다.

실학사상을 집대성한 정약용

실학의 바탕을 마련한 이수광

(1563~1628)

조선시대 중기의 문신이며 학자이다. 1585년에 문과에 급제하여 이조좌랑 등을 지냈고, 임진왜란 후에는 사신으로 자주 명나라에 드나들었다.

명나라에 갔을 때 그곳에 와 있던 이탈리아 신부 마테오 리치의 『천주실의』, 『교우론』 등의 책을 갖고 돌아와 그것을 토대로 백과사전과 같은 『지봉유설』 20권을 지었다. 그는 이 책을 통해 서양의 사정과 천주교에 관한 지식을 소개함으로써 조선시대 실학의 바탕을 마련했다.

지봉유설
조선 중기의 학자 이수광이 편찬한 백과전서. 천문, 지리, 병정, 관직 따위의 25부문 3,435항목을 풀이해 놓았다.

잘못된 사회제도를 비판한 허균
(1569~1618)

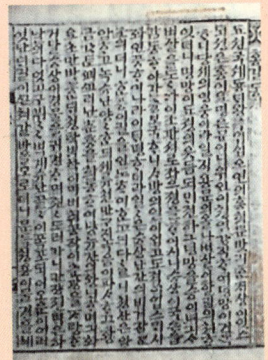

홍길동전
조선 광해군 때에 허균이 지은 우리나라 최초의 한글 소설. 능력이 뛰어나지만 재상가 서얼로 태어난 탓에 천대를 받던 홍길동이 집을 나와 활빈당이라는 집단을 결성하여 율도국을 건설한다는 내용이다. 당시 사회제도의 결함 특히 적서 차별을 비판하고 부패한 정치를 개혁하려는 의도로 지은 사회 소설이다.

조선시대 중기의 문신이며 소설가이다. 1594년에 문과에 급제한 뒤 검열, 황해도 도사, 수안 군수를 지냈다. 1606년에 종사관으로 명나라 사신을 맞을 때 뛰어난 문장력을 발휘하여 이름을 떨쳤다.

1610년에는 명나라에 가서 천주교 기도문을 얻어왔고, 한국 최초의 천주교 신자가 되었다. 시와 문장이 뛰어난 허균은 우리나라 최초의 한글 소설인 『홍길동전』을 쓴 것으로도 유명하다. 『홍길동전』은 사회제도의 잘못된 점을 비판한 작품으로 지금까지 매우 높게 평가되고 있다.

실학의 체계를 세운 유형원
(1622~1673)

조선시대의 실학자이다. 진사 시험에 급제하여 여러 차례 벼슬자리에 임명되었으나 평생 동안 벼슬자리에 나가지 않고 저술과 학문 연구에만 전념했다.

유형원은 처음으로 실학의 체계를 세워 놓은 것으로 유명한데, 그의 학문은 성리학에서부터 정치, 경제, 역사, 지리, 군사, 문학에 이르기까지 매우 폭이 넓었다. 1770년에는 영조의 명을 받들어 10년 동안 저술한 『반계수록』 26권을 간행했다. 이 책을 통해 그는 토지제도를 토대로 하여 세제, 과거제도, 교육제도, 군사제도 등 사회 전반적인 제도 개혁을 주장했다. 또 농민이 자기 땅을 가져야 나라가 부강해진다고 주장하기도 했다.

실학을 크게 발전시킨 이익

(1681~1763)

조선 영조 때의 실학자로 호는 성호이다. 당쟁에 휩쓸려 몰락한 남인의 가문에서 태어나 평생 벼슬을 멀리하고 오직 학문에만 힘썼다. 유형원의 학풍을 이어받아 천문, 지리, 역사, 제도, 수학, 의학에 밝았고, 서양 학문에도 관심이 있어 실학사상을 발전시키는 데 크게 이바지했다. 모든 학문은 실제 생활에 필요한 것이어야 한다고 생각했으며, 직업에 귀천이 없으니 양반도 농업이나 상업에 종사해야 한다고 주장했다. 그가 쓴 『성호사설』 『곽우록』 등은 뒤에 정약용에게 큰 영향을 끼쳤다.

성호사설
조선 영조 때에 이익이 평소에 지은 글을 모아 엮은 책
천지, 만물, 인사, 경사, 시문 등 5가지 주제로 나누어져 있다.

북학파의 선구자 홍대용

(1731~1783)

조선시대 후기의 실학자이다. 1765년(영조 41년)에 삼촌을 따라 북경에 가서 역사, 풍속, 천문학 등에 관한 지식을 넓히고 돌아와 현감, 군수 등을 지냈다. 북학파(청나라의 앞선 문물제도 및 생활양식을 받아들일 것을 주장한 학파)의 선구자로 박지원, 박제가 등과 사귀면서 정치 경제에 관한 학문을 깊이 연구했다. 균전제(토지제도)를 바탕으로 하는 경제 정책의 개혁과 과거제도의 폐지, 신분 차별의 폐지 등을 주장했다.

조선의 뒤떨어진 문물과 제도의 개혁을 외친 박지원

(1737~1805)

조선 정조 때의 실학자로 호는 연암이다. 16세 때 처음으로 처삼촌에게서 글을 배우기 시작하여 20대에는 뛰어난 글재주를 보이기 시작했다. 1780년에 친족 형인 박명원이 청나라에 사신으로 갈 때 함께 청나라의 열하를 여행하고 돌아와서 그곳에서 보고 듣고 느낀 것을 『열하일기』로 엮었다. 『열하일기』를 통해 청나라의 문물과

제도, 생활 풍습을 소개하고, 이어 조선의 뒤떨어진 문물과 제도를 과감히 개혁하자고 주장했다.

박지원은 벼슬아치와 양반들의 생활을 폭로하고 풍자한 소설 『허생전』 『양반전』 『호질』 등을 지어 세태를 비판하기도 했다. 50세에 처음으로 벼슬길에 올라 몇몇 관직을 거쳤고, 늘그막에는 『과농소초』라는 농업 연구서를 지어 정조에게 바치고 관직에서 물러났다. 그의 제자로는 박제가, 이덕무, 유득공, 이서구 등이 있다.

실학을 바탕으로 한 과감한 개혁을 주장한 박제가

(1750~1815)

조선시대 후기의 실학자이다. 19세 때 박지원의 제자가 되어 실학을 연구했다. 1776년에 이덕무, 유득공, 이서구 등과 함께 엮은 시집 『건연집』이 청나라에 소개되어 '조선의 시문 4대가'의 한 사람으로 알려졌다. 1778년에는 사신 채제공의 수행원으로 청나라에 가서 새 학문을 배우고 돌아와 『북학의』를 지었다. 그는 이 책에서 농업 기술은 물론 상공업, 무역, 교통, 물자거래의 중요성 등을 지적하고, 나라의 발전을 위해서는 실학을 바탕으로 한 과감한 개혁이 필요하다고 주장했다.

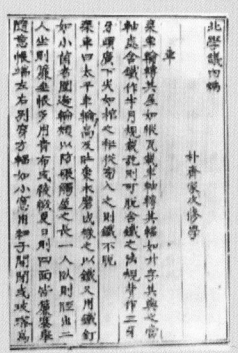

북학의
조선 정조 2년(1778)에 실학자인 박제가가 청나라의 풍속과 제도를 시찰하고 자신의 의견을 덧붙여 쓴 책이다. 실학사상을 연구하는 데 중요한 자료이다.

조선의 실학과 청의 학풍을 융화한 김정희

(1786~1856)

조선 후기의 실학자로, 조선의 실학과 청의 학풍을 융화하여 경학(사서오경을 연구하는 학문), 금석학(금속과 석재에 새겨진 글을 대상으로 언어와 문자를 연구하는 학문), 불교학 등 다방면에 걸친 학문 체계를 수립하였다. 고증학에도 밝아 북한산에 있던 진흥왕 순수비를 고증하기도 하였다. 또한 서예에도 능하여 추사체를 창안하였다.

역사 발자취 따라가기

한국 천주교회의 역사

북당
1601년 마테오 리치가 세운 네 개의 성당 중 북쪽에 위치한 곳으로 이승훈이 이곳에서 조선인 최초로 영세를 받았다.

 실학 운동의 선구자인 이수광은 명나라에 사신으로 건너가 이탈리아 신부 마테오 리치가 쓴 『천주실의』를 가지고 돌아왔다. 그는 이 책을 바탕으로 『지봉유설』을 지어 서양의 사정과 천주교에 관한 지식을 소개했다. 이때부터 조선에 천주교에 관심을 갖는 사람들이 생겨났고, 실학도 더불어 발전하게 되었다.

 이수광이 바탕을 마련한 실학은 그 후 남인 계열의 학자들에게 이어졌다. 이익과 그의 제자들은 『천주실의』와 서양 서적을 읽으면서 천주교의 평등 사상과 서양의 과학 기술에 큰 관심을 가지게 되었고, 서양에서 들어온 학문(서학)을 다양하게 연구하며 실학을 더욱 발전시켰다. 그러자 차차 천주교를 믿는 사람도 생겨나기 시작했다.

 초기의 천주교 신자들은 남인 계열의 학자가 대부분으로 이벽과 이승훈, 권철신·권일신 형제, 정약전·정약종·정약용 형제 등이었다. 이들은 경기도 광주에서 모여 천주교 교리 연구를 하는 등 신앙운동을 일으켰다.

 그 뒤 이승훈은 아버지를 따라 북경으로 갔다가 천주교회에서 교리를 배우고 프랑스 신부 그라몽에게 베드로라는 세례명을 받았다. 조선인 최초로 세례를 받은 것이다. 그는 1784년 2월에 귀국하여 한양 명례방(명동)에서 이벽, 정약전 3형제, 권일신 형제 등과 함께 조선 천주교회를 창립했다.

 하지만 조선 조정에서는 천주교를 국법으로 막았다. 1791년 전라도 진산에서 선비 윤지충이 어머니 상을 당하자 위패를 태우고 천주교식 장례를 치렀는데 이것이 문제가 되어 신해사옥이 일어났다. 이때부터 천주교를 국법으로 막게 된 것이다. 이 사건으로 윤지충이 사형되고 몇몇 사람은 귀양을 갔다.

그 이후로 천주교는 약 100년 동안 수많은 박해를 받았다. 1801년에 일어난 신유박해로 이승훈과 정약종 등 무려 100여 명이 처형되고 400여 명이 귀양을 갔다. 정약용도 이때 귀양을 갔고, 이후에 다시 황사영백서 사건이 터져 전라도 강진으로 귀양을 가 18년 동안 유배 생활을 했다.

박해는 계속 이어져 1839년 기해박해 때는 약 120명이 처형되었고, 1846년 병오박해 때는 우리나라 최초의 신부 김대건 등 8명이 처형당했다. 다시 1866년 병인박해 때는 당시 정권을 잡고 있던 대원군의 명으로 프랑스 선교사 9명과 조선 신도 약 1만여 명이 절두산에서 학살당하는 끔찍한 일이 벌어졌다. 이 일로 인해 프랑스 함대가 강화도에 침범하여 병인양요가 일어났다.

그 뒤 1886년에 조선과 프랑스 사이에 수호조약이 체결되어 "두 나라 사람은 상대 국가에서 그 나라 사람을 가르칠 수 있다."는 규약에 따라 조선에 종교의 자유가 보장되었다. 이때부터 프랑스 성직자들은 자유롭게 활동했고, 신도 수도 계속 늘어났다. 개신교도 이때부터 종교의 자유를 얻었다.

1892년에는 명동 대성당이 세워졌고, 1896년에는 대원군의 부인 민씨(고종의 어머니)가 마리아라는 세례명을 받았다. 그 뒤로 천주교는 계속 교세를 확장하여 우리나라의 주요 종교 중 하나로 자리잡았다.

1984년에는 한국 천주교 200주년 기념행사에 교황 요한 바오로 2세가 직접 한국에 왔으며, 수많은 순교자들 중에 103위를 성인으로 선포했다.

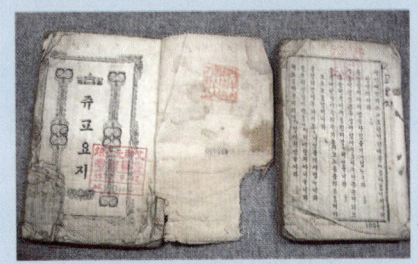

주교요지 조선인이 쓴 최초의 천주교 교리서로 한자를 모르는 신자들을 위해 한글로 썼다. 정약종의 천주교에 대한 해박한 지식과 신앙심을 엿볼 수 있다.

한 걸음 더 역사 정보

조선시대 농민들의 살림살이

농민들의 일상생활

조선시대 농민은 일 년 내내 농사일에만 매달렸다. 소비 물자의 대부분을 자급자족해야 했기 때문에 농사일이 없는 때에도 집 수리, 가마니 짜기, 새끼 꼬기 등의 일에서 벗어날 수 없었다.

농민들은 보통 저녁에 일찍 자고 새벽부터 일을 했다. 차림새도 대충 이마에 수건을 두르고 허름한 흰옷에 짚신을 신은 채 지게를 지거나 괭이를 든 모습이었다. 소는 주로 논밭갈이와 운반 수단으로 썼는데 값이 비싸 실제로 갖고 있는 사람은 드물었다.

집에서 가까운 곳으로 일을 나가면 아녀자가 점심과 새참을 가져왔다. 하지만 먼 곳으로 갈 때는 도시락을 싸 갔다. 도시락은 버들이나 대나무로 만든 고리짝에 밥과 반찬을 담아 가는 정도였다.

국가에서는 농민에게 과거에 응시할 수 있는 자격을 주었지만 현실적으로는 농민이 과거를 보는 것은 불가능했다. 농민들은 책 한 권 사 보기도 어려웠기 때문에 대부분 대를 이어 농사 짓는 것에 만족해야 했다.

힘겨운 농사일

농부는 벼농사를 가장 중요하게 여겼는데, 특히 가뭄이 들면 농사짓기가 무척 힘들었다. 냇가의 물을 두레질하여 끝없이 논으로 물을 끌어들여야 했기 때문이다. 논 근처에 냇가가 없는 천수답(빗물에 의하여서만 벼를 심어 재배할 수 있는 논)은 비가 오지 않으면 아예 농사를 망쳤다. 농사를 망치면 겨울 동안 먹을 양식이 없어 땅을 지주에게 팔기도 했다. 관청에서 곡식을 빌린 뒤 가을에 이자를 더해 갚는 방법이 있었지만 그나마도 흉년이 겹치면 밤에 몰래 도망을 치는 수밖에 없었다. 조선시대의 농민에게 있어 한 해 농사를 망친다는 것은 가족의 생명이 걸린 매우 위태로운 일이었다.

농작물과 가축 기르기

농부는 벼와 함께 조, 수수 등 여러 종류의 곡식을 심었다. 벼농사를 망치면 대신 먹을 것을 마련하기 위해서였다. 가뭄이나 병충해로 벼농사를 망치면 가족의 주식은 수시로 바뀌었다. 그해 수확이 잘 된 곡식이 바로 주식이 되는 셈이었다.

농작물 재배의 필수인 비료를 장만하는 것도 쉬운 일이 아니었다. 인분(사람의 똥) 외에는 적은 양의 소똥, 말똥이 있을 뿐이어서 읍내나 관청에서 인분을 사 오기도 했다. 돈을 주고 사 오는 인분도 신분에 따라 그 값이 달랐다. 양반의 인분은 귀한 것이라 하여 값을 더 쳐주어야 했다.

조선시대 농부들은 별다른 사료를 주지 않아도 잘 자라는 닭과 개를 많이 키웠다. 닭과 개는 농민에게 값싸고 맛있는 영양 공급원이었다. 또한 닭과 달걀은 시장에 내다 팔거나 지주에게 바치기도 했다. 돼지를 기르는 집도 있었지만 그리 많지는 않았다.

농기와 먹거리

농가는 대부분 초가집이었는데 살림집과 축사, 헛간, 측간, 부엌 등으로 나뉘었다. 하지만 이것을 모두 갖춘 집은 매우 드물었다. 보통 방 한두 개에 부엌이 딸려 있는 경우가 많았다.

농가의 벽은 황토를 발랐고 지붕은 볏짚을 엮어 만들었다. 볏짚 지붕 속에는 공간이 있어서 여름철에 뜨거운 햇볕을 막아 주고, 겨울에는 집 안 온기가 바깥으로 빠져나가는 것을 막아 주었다. 볏짚 지붕은 수명은 짧지만 매끄러워서 빗물이 잘 흘러내렸다.

농부들은 하루에 두 끼만을 먹는 경우가 많았다. 낮이 짧은 겨울철에는 보통 두 끼를 먹었고, 힘든 일을 하는 농번기에는 새참이나 점심을 먹기도 했다. 점심으로는 국수나 감자, 고구마, 옥수수 따위를 먹었다.

일반 농민들의 상에는 주로 막사발에 담은 밥과 김치, 간장이 올라왔다. 계절에 따라서 다양한 채소와 생선이 올라오기도 했다. 김치는 겨울에 먹을 수 있는 거의 유일한 음식이었다.

백성들도 감동한 정조의 효심

　정조의 아버지인 사도세자는 간신들의 모략 때문에 뒤주에 갇혀 죽었다. 이에 한이 맺힌 정조는 임금의 자리에 오르자 아버지를 죽게 한 간신들에게 극형을 내렸다. 그리고 양주 배봉산에 있던 아버지의 묘를 수원으로 옮긴 뒤 그 이름을 현륭원이라 했다. 현륭원은 그 어느 왕릉 못지않게 훌륭히 치장했다.

　또한 정조는 왕궁 안에 경모궁을 두어 아버지의 사당으로 삼았다. 그런 뒤에도 정조는 애처롭게 돌아가신 아버지를 그리워하여 항상 눈물로 베개를 적시곤 했다.

　정조는 자주 수원 현륭원으로 참배를 갔다. 이때 한강을 지나야 했으므로 정조는 정약용에게 명하여 한강에 배다리(작은 배를 한 줄로 여러 척을 띄워 놓고 그 위에 널판을 건너질러 깐 다리)를 놓게 했다.

　한번은 정조가 수원 현륭원에 참배를 갔을 때 이런 일이 있었다. 현륭원 안의 소나무에 송충이가 너무 많아 솔잎을 모두 갉아먹었다. 이 때문에 현륭원의 꼴이 말이 아니었다.

지지대비 조선 정조의 지극한 효성을 기리기 위해 1807년(순조 7년)에 화성 어사가 건립하였다. 정조는 현륭원의 참배를 마치고 돌아오는 길에 이곳에 멈춰 화성을 바라보며 떠나기를 아쉬워했다고 한다. 이때 정조의 행차가 느릿느릿 하였다 하여 이곳의 이름을 한자의 느릴 '지'자 두 자를 붙여 '지지대'라고 불렀다.

　이에 정조가 신하에게 명했다.

　"가서 송충이를 몇 마리 잡아오너라."

　신하가 달려가 송충이를 잡아오자 정조는 산 채로 꿀꺽 삼키고는 이렇게 소리쳤다.

　"너희가 아무리 미물인 벌레지만 어찌 내 아버지 묘의 솔잎을 갉아먹을 수 있느냐! 차라리 내 오장을 뜯어먹어라!"

　그 광경을 보고 있던 신하들과 장수들은 너무 놀라 얼굴빛이 허옇게 변했다.

　그런데 얼마 후 이상한 일이 벌어졌다. 어디선가 수많은 솔개와 까마귀들이 날아와 현륭원의 송충이들을 모두 잡아먹은 것이다. 백성들은 정조의 효심에 하늘도 감동한 것이라고 입을 모아 말했다.

귀양에도 등급이 있다고?

귀양의 어원은 귀향(歸鄕)으로 옛날에 죄인을 먼 지방이나 외딴 섬에 보내 살게 하던 형벌이다. 즉, 죄를 지어 관직에 나갈 수 없는 자를 귀향하게 한 데서 비롯된 말이다. 귀양의 목적은 죄인을 먼 지역으로 보내 격리시키는 것이다.
왕족이나 고위관리의 유배형인 경우에는 몇 가지 등급이 있었다. 유배를 가게 되면 거주의 제한을 두는데 이를 '안치'라고 한다. 안치에는 다음과 같은 세 가지 등급이 있다.

죄인 혼자 섬에서 유형 생활을 하는 절도 안치

죄인 혼자 육지에서 멀리 떨어진 섬에서 유형 생활을 하게 하는 유배형으로 죄인이 대단히 큰 죄를 지었을 때 행해진다.

정약전이 귀양 갔던 흑산도 사리
황사영백서 사건 때 정약전은 육지에서 멀리 떨어진 흑산도라는 섬으로 귀양을 갔다.

외부 사람의 출입을 금하는 위리 안치

죄인의 거주지를 제한하기 위해 집 둘레에 울타리를 둘러치거나 가시덤불로 둘러싸서 외부 사람의 출입을 금하는 유배형으로 대부분 중죄인에게 행해졌다. 위리 안치를 선고 받은 죄인은 주로 탱자나무가 많은 전라도나 그 연해의 섬으로 보냈다. 탱자나무에는 가시가 많아 울타리로 쓰기에 좋기 때문이다. 하지만 안치 이외의 유배형은 대개 그곳의 주민과 어울려 사는 것을 묵인하기도 하고, 가족 또는 제자를 데려가게 해주기도 했다.

죄인의 활동범위를 고향으로 제한하는 본향 안치

죄인의 활동 범위를 그의 고향에 제한하던 유형이다. 처음부터 본향 안치를 하는 것과 일단 멀리 외진 곳에 귀양 갔던 사람에게 형을 줄여서 고향에 안치하게 하는 두 가지 종류가 있었다.